本当の大人になりたいあなたへ

はじめに

今、世の中はどんどん軽やかな文化になりつつあります。

よく、日本から「大人」がいなくなったという話も聞きますが、私はそうは思いません。全体的に若々しくなった、ということなのです。

昔と比べて、電車のマナーは格段によくなってきていますし、公共機関のサービスの質もどんどん上がっています。

もちろん例外もありますが、それらは常識が行き渡り、社会が成熟している証拠でしょう。つまり、全体的に人々が〝きちんと〟してきているわけです。

かつての大人（中高年）には、どこか不機嫌そうでいかつく、重たいイメージがありました。昔の文豪であれば、不機嫌そうにしていても周囲が気を遣ってくれるかもしれませんが、今はそういう時代ではありません。

つまり、重く威圧的な大人は、時代とマッチしないのです。不機嫌そうにしているだけで職場の雰囲気を重くしますし、その不機嫌さ自体が、ある種のハラスメントにつながりかねない世の中です。

軽やかなスピードがあって、いつも笑顔で上機嫌。周りの雰囲気をやわらかくし、嫌味や愚痴を言われてもおおらかにふんわりと受け流す。修羅場のようなシチュエーションでも、それ自体を面白がる余裕を持ち、白黒はっきりつけようとせず、むやみに一喜一憂しない。

そんな人物こそが、今の時代に求められるスマートな「大人」だといえるでしょう。

ところが、これだけ社会が成熟し〝きちんと〟しているにもかかわらず、かつてと比べて、ストレス耐性が弱くなっているという事実があります。昔ならざらにあったようなことでも心の傷となり、ひどい場合はトラウマとなって病院に通う人も少なくありません。

そこで求められるのが、「大人の対応力」です。

「大人の対応力」とは、いわばディフェンス力。言い換えれば、自分が傷つかないように対応できる力のことです。

自分をきちんとコントロールできる大人は、多少の攻撃にあっても傷つくことがありません。なぜなら、どんな場面においても、フレキシブルに対応できる力があるからです。決してカッとせず、ムッとせず、力まず、やわらかい選択肢を考えます。当然、不用意に他人を傷つけることもありません。

自分自身をコントロールして、きちんと大人の対応をしておけば、「あいつにこんなことを言われてしまった!」「どうしてあのとき、あんなことを言ってしまったんだろう」と、根に持つようなこともなくなります。なぜなら、本当の「大人」は、後で愚痴をこぼさずにすむように、その場でしっかり臨機応変に対応できる力を持っているからです。

大変な苦労をしている人ほど、自分が大きな歯車の中で、いろいろな人や物の助けがあってこそ生きていけるのだと感謝しているものです。そして、どんなことがあっても「たいしたことないよ」と涼しい顔で言う強さを持ちあわせています。とても格好いいですね。

こういう人は経験が豊富なので、たいていのことには動じないのです。これぞ、「大人」の本来の姿ではないでしょうか。

もちろん、他人の経験を知ることでも「そういうことか」「こう来るはず」といった予測ができます。つまり、他人の話を聞く、知るということが、「聞いて学ぶ」大人の対応につながるのです。

今は自分の対応に自信が持てなかったとしても、ぜひ、本書で人生の疑似体験をしてみてください。きっと、いつも笑顔で上機嫌、周りの雰囲気をやわらかくする、時代が求める「大人」になれるはずです。

はじめに一つ、呼吸法を専門とする私からのアドバイス。対応を問われた瞬間、「フーッ」と息を吐いて、リラックスしてください。力みや緊張や怒りを、息をゆるめて解く。まず息を吐く。これが対応の基本です。

それでは、実際の話（ケース）に照らし合わせながら、真の「大人の対応力」とはどうあるべきか、私と一緒に学んでいきましょう！

齋藤孝

大人の対応力　目次

1 嫌味を言ってくる

あなたは、自身が企画したプロジェクトが好評となり、晴れて昇進することに。そんな折、同期から「まさかお前が一番早く、出世するとはな」と言われました。

この同期も、仕事を頑張っています。同期の中でいち早く出世したあなたを、妬む気持ちもわかりますが。

同期といえど、ライバル。
あからさまに刃《やいば》をむき出しに
されたときの対応とは？

大人は「見切り」上手

あなたの周囲にも、いわゆる「嫌味っぽい人」がいませんか？　どうでもいいことでチクチクと嫌味を言ったりケチをつけたりする人が、どんな会社にも一人はいるものです。

しかし、本人にとってみれば嫌味はクセのようなもの。つまり、〝嫌味グセ〟は性格の一部というわけです。では、その〝嫌味グセ〟に、私たちはどう対応したらよいのでしょうか。

それはずばり、こちら側が「見切りをつける」ということです。つまり、あらかじめその人が嫌味っぽい人だと見切りをつけていれば、「さて、今日はどんな嫌味が飛び出すかな？」「ほうほう、今日はこう来たか。新手の嫌味だねえ」と、余裕を持ってディフェンス（自分を守ること）ができるわけです。

剣術でいえば、相手と立ち会ったとき、技量を見定め、どの距離にいると技を

受けるのか、攻撃できるのかという「間合い」や「太刀筋《たちすじ》を見切る」というところでしょうか。

ちなみに、こちらが余裕を持って相手を見ていると、不思議なことに嫌味を言われても、嫌味に聞こえません。いつもは一言多いような人が特に何も言わなければ、逆に「あれ、今日は何もないのか。体調でも悪いのかな？」といった具合に、余裕を持って面白がることもできます。これぞ、大人の考え方だといえるでしょう。

あなたは嫉妬されている？

イソップ童話に『すっぱいブドウ』というお話があります。高いところに実るおいしそうなブドウに手が届かず、結局ブドウを食べられないキツネが「どうせ、すっぱいブドウだろう」と負け惜しみを言うものです。

これは童話ですが、私たちが生きる世の中は「嫉妬」と「保身」で成り立っているといっても過言ではありません。嫉妬は、人間の根源的な感情の一つなのです。

しかしながら、あの福沢諭吉も『学問のすゝめ』で「嫉妬ほど悪いものはない、まったく役に立たないものだ」と述べています。つまり、他人を妬むようなクセがある人というのは、なんとも哀れな人なのです。

ですから、そのような悪癖に正面から向き合うのではなく、「嫉妬心をあからさまにして、しかも嫌味を言ってくるとは、なんと恥ずかしいことよ……」とでも、思っていればよいでしょう。

また、嫌味を言われるというのは、あなたがそれだけ嫉妬をされているというわけです。つまり、あなたがその人に羨まれるようなことをしている、ということです。

嫌味にならない返答を心がける

どういうことかと申しますと、成功している人間というのは、実はそれだけで周囲に不快感を与えている側面があるのです。

たとえば、フェラーリを乗り回している人を見かけたとき、「フェラーリに乗れていいなあ」と思う人よりも、「あんな低音のエンジン音を撒き散らして、なんてうるさいんだ」と感じる人の方がはるかに多いのではないでしょうか。つまり、高級車に乗るだけでも周囲を疲弊させるのです。よろしければ、高級車を昇進や成功に置き換えてみてください。

ですから、あなたが出世などをした場合には、実力を謙遜した上で「いや、自分でも思いもよらぬ、まさに望外《ぼうがい》のことでありまして……」などと、自らの考えを超えた、まさかの僥倖《ぎょうこう》（ラッキー）であることを強調するように心がけてください。

もしくは、「晴れる日があれば曇る日もある」、「禍福《かふく》は糾《あざな》える縄の如し」（災いと福とは、より合わせた縄のように交互にやってくるということ）、「人間万事塞翁《じんかんばんじさいおう》が馬《うま》」（人生は何が幸いし、何が不幸になるのかわからないということ）などの言葉を用いて「いやはや、幸不幸は予測できないものですねぇ」などと、ふんわりとした返答をする。

この際、決してストレートに「別に出世したいと思っていたわけではないんですよ」「本当は課長なんて、責任が増えるだけだからなりたくないんだけど」などと言ってはいけません。それでは結局、嫌味になってしまいます。

また、「私は小学生のときから『課長になるのが夢だ』と日記に書き続けてきましたからねえ。日々それだけを考えてきましたから。イチロー選手の卒業文集みたいなものですよ（笑）」と、気楽な冗談で受け流すのもいいかもしれません。

大人の対応

・見切りをつける

↓（心の中で）「さて、今日はどんな嫌味が飛び出すかな？」

↓（心の中で）「ほうほう、今日はこう来たか。新手の嫌味だねぇ」

・嫌味にならない返答をする

↓「いや、自分でも思いもよらぬ、まさに望外のことでありまして……」

↓「『人間万事塞翁が馬』なんて言いますよね。いやはや、幸不幸は予測できないものですねぇ」

・気楽な冗談で受け流す

相手の嫌味を面白がるくらいの余裕が欲しいものですね。

NGワード

「別に出世したいと思っていたわけではないんですよ」
「本当は課長なんて、責任が増えるだけだからなりたくないんだけど」

2 急にスケジュールを変更してくる

打ち合わせのため、会社を出て現地に向かっていると、相手先からメールが入りました。

「すみません。本日の打ち合わせですが、都合が悪くなってしまいました。別日に変えていただけますでしょうか」

突然のキャンセルに、困惑してしまいます。もっと早く知らせてくれればいいのに。

貴重な時間を無駄にされると
腹が立ちますよね。
こんなときの対応とは？

大人は人間関係を傷つけない

いわゆる「ドタキャン」ですね。ついイラつくのも、よくわかります。

不思議なもので、ドタキャンをする人は何度も同じことをくり返すものです。

したがって、まずは周囲が〝そういう人〟だという認識を持つことが大切です。

なぜなら「あの人、ドタキャンで有名だよね」ということになれば、たとえドタキャンされても、「ああ、来たか。来たか」と、ある程度の余裕を持って対応することができるからです。無駄に怒って、こちらが体力を消耗することもありません。

大人というものは、無意味に人間関係に傷をつけません。ですから、ドタキャンにあったら、まずは「来たな」と客観的に受け止め、その上で「まあ、ご事情があるのでしょう。いろいろなことが起きますよね。じゃあ、別日にしましょう。いつがよろしいですか？」と、あくまで事務的に対応するようにしてください。

すべては「想定内」のこと

なぜなら、社会人にまで成長した相手を正す、教育するということは、極めて難しいことなのです。部下ですら、教育には骨が折れるものですよね。ましてや、仕事相手という遠い関係にある人のドタキャングセ、遅刻グセを直すことは、まさに不可能に近いものがあるでしょう。

つまり、これは相手の「生活習慣病」の一つだとして割り切り、最初から「ドタキャンされる確率は高いぞ」と〝計画〟の一つに加えておくことです。たとえば、野球のドラフト会議と同じだと思ってみてください。「第一希望選手」に断られる場合を考慮して、「第二希望選手」を決めておくのです。人間は、予想している通りのことには疲れませんし、無駄に怒ることもありません。つまり、「想定内」ということです。

もちろん、嫌味の一つも言いたい気持ちになるでしょう。しかし、嫌味をストレートに言ってはいけません。その場合は、「お会いできることを心から楽しみにしていたのですが、そういうご事情であれば仕方ありませんね。本当に、残念です」という正直な言葉で、相手の「ああ、悪いことをしてしまったなあ」という気持ちを引き出すようにしましょう。

事前確認は、大人のたしなみ

ちなみに、「当日キャンセルは困ります」「これからは事前に伝えていただけると幸いです」というストレートな物言いもアウトです。なぜなら、相手が〝逆ギレ〟をする可能性が高くなるからです。ドタキャンされた挙句、「お前は何様だ!」とばかりに逆ギレされては、あなたが損をしてしまいます。最初のうちは難しいかもしれませんが、とにかく〝慣れる〟ことです。また、人間ですから、あなたがドタキャンをしてしまう可能性もゼロではないのです。

ただ、やはりドタキャンというのは気分がいいものではありません。では、それを避けるためには、どうしたらよいでしょうか？

ここで重要になってくるのが、事前の〝確認（リコンファーム）〟です。いわゆる大人のたしなみといってもいいほど、社会人にとって大切なことです。

つまり、あなたの確認が足りなかったことも、ドタキャンの一因かもしれません。当日の不意打ちを避けるためには三日前、いえ、前日でも結構です。「いよいよ明日は、例の件の打ち合わせですね。どうぞよろしくお願いいたします」と事前にメールを入れておきましょう。前日に確認メールを送ったにもかかわらずドタキャンをされてしまったら、今後の付き合い方を考え直す、いいチャンスかもしれません。

大人の対応

・人間関係に傷をつけず、客観的に受け止める

↓「まあ、ご事情があるのでしょう。
いろいろなことが起きますよね。
じゃあ、別日にしましょう。
いつがよろしいですか？」

・事前確認をする

↓「いよいよ明日は、
例の件の打ち合わせですね。
どうぞよろしく
お願いいたします」

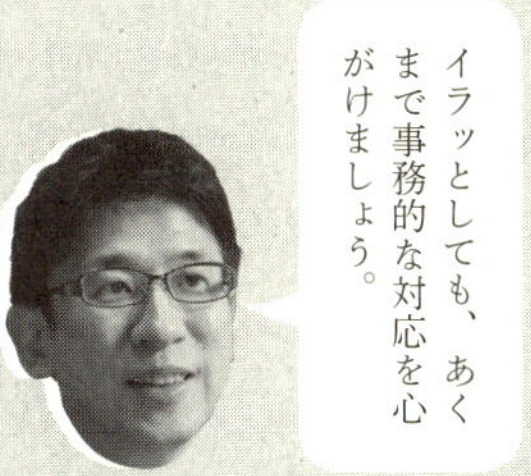
イラッとしても、あくまで事務的な対応を心がけましょう。

NGワード

「当日キャンセルは困ります」

「これからは事前に伝えていただけると幸いです」

3 第三者の悪口を聞かせてくる

最近あなたは、他部署のAさんと知り合いました。歳も近く会話も弾み、今度ランチに行く約束もしています。そのことを先輩に話しました。

「私好きじゃないんだよね。あの人、軽薄で八方美人だし」

先輩はAさんをあまりよく思っていないようですが、あなたはこれから仲良くしたいと思っている矢先です。先輩に同調して、Aさんのことを悪く言うのも気が引けます。


先輩だからとむやみに同調したくはありませんが、否定するのも……。雰囲気を悪くしない対応とは？

大人はふんわりと受け流す

こういう場合、「ああ、あの人。たしかにそういう感じですよね」「そんな雰囲気しますよね。気をつけないと!」などと返すのは、いわゆる〝乗っかりすぎ〟です。相手の悪口に同調したことになりますから、あなたが周囲から悪く思われる可能性も出てきますし、極めて幼稚な対応です。では、大人はどう対応すべきでしょうか?

お笑いコンビ、さまぁ～ずのコントにスナックを舞台にしたものがあります。大竹さん演じる芸能人が酒を飲みながら、スナックのカウンターにいる女性に「ねえ、今度旅行に行かない?」などとしきりに誘いをかけるのですが、女性はすべての誘いに「そーなんだー」と相槌を打つというものです。

「そーなんだー」をくり返すということは、とりあえず話は聞いてはいるけれど完全に流しているというスタンスですね。このコントの女性ではありませんが(笑)、ふんわりと流すのがポイントです。「そうなんですね」「ですねえ」「そうですか」などと、相槌をくり返しましょう。

必要以上に正しさを追求しない

よくない対応としては、冒頭にもあるように「え、何があったんですか?」などと、〝乗っかりすぎ〟てしまうことです。これでは、相手の悪口に火をつけてしまうだけです。しかし、「たとえば、どんなことがあったんですか?」の「たとえば」という言葉はクセもので、話を具体的にしようとすると、案外、相手も根拠に乏しいというケースが多いものです。

これは、裁判でいう「立証責任」のようなものです。「その人の悪口をそれだけ言うからには、それだけの理由があるのでしょう」とばかりに詰めよれば、相手も言葉を濁してしまいます。つまり、「たとえば」と具体的には言えないけれど、「なんとなく」気に食わない、というケースが多いわけです。

しかしながら、「たとえば」と聞いてみて「これと、あれとですね……」と多くの根拠が出てきてしまうという危険性もありますから、単純におすすめはできません。そういう場合は、「そうですか、わかりました。そういう〝エビデンス〟があるわけですね」などと軽く冗談をまじえて、会話を断ち切りましょう。

また、「Aさんはそんな人じゃないですよ」だとか「Aさんにもよいところがあるんじゃないでしょうか?」という返しもNGです。これは大人の対応全般にいえることですが、必要以上に正しさを追求してはいけません。つい言いたくなるでしょうが、これは裁判ではないのです。あくまでその場を上手にやり過ごすことこそが、大人の対応なのです。

話を切り上げるというテクニック

「白黒はっきりつける」というのは、一見正しいことのように思えるかもしれませんが、実は子どもの思考と同じです。選択肢がたった二つしかないのですからあまりに短絡的ですし、大人であればこそ、グレーゾーンを大切にしなければいけません。

あなたはこの場で、先輩がAさんを好きでないということがわかったわけです。したがって、その事実を今後の人間関係に反映するのみです。ですから、Aさんの悪口には「そうなんですね」などと相槌を打ち、適当なところで「アドバイス、ありがとうございました」「心に留めておきます」などと言って、話を切り上げましょう。

ちなみに、話の切り上げ方も大人の対応のテクニックの一つです。「ありがとうございました」「留意しておきます」と言われて、さらに話を広げる人はいませんし、そもそも、「そうなんですね」という相槌そのものが、会話の続きにくい言葉です。

角の立たない相槌で、相手にそれ以上の悪口を言わせないようにすることこそ、スマートな大人の対応だと思いませんか？

大人の対応

・ふんわりと受け流す

↓「そうなんですね」「ですねえ」「そうですか」

・適当なところで話を切り上げる

↓「アドバイス、ありがとうございました」
「心に留めておきます」

相槌をうまく使えば、雰囲気を悪くせずに切り上げられますよ。

NGワード

「Aさんはそんな人じゃないですよ」
「Aさんにもよいところがあるんじゃないでしょうか？」

4 価値観を押し付けてくる

あなたはある俳優の大ファンで、彼の舞台なら地方公演にも駆けつけるほど。今週末も彼の舞台を見に行くという話をしていると、同僚に「また？　観劇にお金を使いすぎじゃない？」と言われました。たしかに、舞台のチケット代は安くありません。しかし独身のあなたは、自分で稼いだお金を好きなものに費やしているだけです。

迷惑をかけていないのに、とやかく言われる。こんなとき、軽やかにかわすには？

大人は他人に干渉しない

基本的に、他人のことに干渉しないのが大人というものです。稼いだお金を何に使おうとそれは個人の自由ですから、他人にとやかく言われる筋合いはありません。

ちなみに、福沢諭吉は「人の妨げをなすもの」をワガママ、「人の妨げをなさないもの」を自由と定義しました。この理論で考えても、あなたの観劇は「人の妨げをなさないもの」ですから、個人の自由だといえるでしょう。

しかしながら、福沢諭吉は「お金を湯水のように遊びに使ってしまうのは如何なものか」とも述べています。たしかに、いくら自分で稼いだお金だとはいえ、それを湯水のように使ってしまっては、家族や周囲に悪い影響を与える可能性もあります。家族がいるなら、趣味にかける金額を相談したいところですが、この場合あなたは独身ですから、そこもクリアしています。

したがって、あなたは恥じることなく、趣味に没頭すればよいのです。誰も干渉することはできません。

「反社会的かどうか」という基準

ちなみに、何か物事を判断するときに、それが「反社会的かどうか」と考えることは一つの大きなポイントです。闇カジノや覚せい剤といった明らかな反社会的行為であれば別ですが、はたして舞台を見ることが、反社会的行為に当てはまるでしょうか？　否、ですね。

これを、大人の対応に応用することができます。

「そうですね、確かにお金を使いすぎかもしれませんが、観劇は反社会的行為ではないですし（笑）」と、軽い冗談をまじえてフランクに返答すれば、相手は何も言えません。あるいは、「これだけが生きがいなんですよ。観劇のおかげで仕事も頑張れるんです」「子どものためなら仕事も頑張れるという親御さんがいるでしょう。私の場合、それが観劇なんですよ」などと、素直に言ってみるのもいいかもしれませんね。

「相手を巻き込む」テクニック

また、「私、この俳優の大ファンなんです」という真っ正直な物言いで、逆に「相手を巻き込む」というテクニックがあることを覚えておいてください。

以前、私が大学で「実は、欅坂46のファンなんだ」と告白したところ、学生たちの反応が思いのほか薄く、冷えた雰囲気になりました。私はめげずに「とりあえずYouTubeで曲を聴いてみてください」と言ったところ、学生たちの方がハマったという〝実績〟もあります。

つまり、相手もあなたの趣味にハマる可能性があるのです。したがって、「よろしかったら、ご一緒しませんか？」「DVDお貸ししましょうか。よかったらご覧ください」と、逆にすすめてみてはいかがでしょうか？

「NO ○○，NO LIFE」

「NO MUSIC，NO LIFE」という、有名なキャッチフレーズがあります。「音楽がなければ、生きていけない」ということですが、ここに自分の好きな俳優やアーティストを当てはめて「私は、NO ○○，NO LIFE ですから」と宣言すれば、相手も「そ、そうなんだ……」となります。何せ、○○が存在しなければその人は生きていけないのですから、他人は何も言えませんね（笑）。

「NO ○○，NO LIFE」は使いやすい言い回しですし、案外聞いてみると誰にでもあります。私は実際に、大学の授業で『NO ○○，NO LIFE』の『○○』を埋めてみよう」という課題を出したことがありますが、様々な回答がありました。当たり前ですが「何がないと生きていけないか」というのは、個人によって異なります。つまり、その人ごとの価値観が浮かび上がってくるのです。

ですから、自分の価値観を押し付けてくるような人に対しては、先ほどご提案した通り「私は、NO観劇，NO LIFEなんです！」と断固として主張してみるのもいいでしょう。

たとえば、自分の車に好きなアーティストの名前やロゴの入ったシールを貼っている人がいますね。あなたはあれを見て、どう思いますか？　私は「そうか、そんなに好きなのか。楽しそうでいいね～！」などと思ってしまいます。つまり、相手に「夢中になれるものがあっていいね」と思わせたらよいのです。

「乗っかる」というテクニック

もしくは、相手の言葉に「乗っかる」という手法もあります。

「あなた、またあの俳優の舞台見に行くの？」と言われたら、「そう、その通り！今度の舞台はちょっとすごいわよ」「私、もう10回目なの！」「何がすごいってね、スペシャルゲストは○○だし、度肝を抜くような演出で云々……（以下略）、ねえ、あなたも一緒に行かない⁉」などと熱く「乗っかる」のです（笑）。

「お金の使いすぎでしょ」という言葉には、「そうよ、もうカツカツよ！　残高もゼロよ！」と冗談で返し、ある意味で、相手を凌駕してしまうわけです。

そうすれば、相手も薄ら笑いを浮かべて「この人にこの話を振ると、面倒なことになるな。力説されて、こっちが疲れるわ」ということになり、二度とあなたに価値観を押し付けてくるようなことはなくなるでしょう。これは、相手を避ける戦法ではなく、相手に避けさせる戦法です。

対して、「自分の稼いだお金を、何に使おうと関係ないでしょ」「それぞれ趣味が違うんだから、あなたに言われる筋合いはないよ」などと、心の言葉をストレートに出してしまうのは、幼稚な対応です。反抗期の中学生ではないのですから、決して「干渉しないで！」などと言ってはいけません。

ちなみに、この「乗っかる」という大人の対応をくり返すうちに、不思議なことに嫌な気持ちにすらならなくなっていきます。「嫌な人だ」と思う前に「そうそう！　今週末が楽しみで仕方ないの」と乗っかればよいのですから（笑）。

大人の対応

・反社会的かどうかを基準にする

↓「そうですね、確かにお金を使いすぎかもしれませんが、観劇は反社会的行為ではないですし(笑)」

・相手を巻き込む

↓「よろしかったら、ご一緒しませんか？」

・NO ◯◯, NO LIFEを主張する

↓「私は、NO 観劇, NO LIFE なんです！」

・相手の言葉に乗っかる

↓「そうよ、もうカツカツよ！残高もゼロよ！」

NGワード

「自分の稼いだお金を、何に使おうと関係ないでしょ」
「それぞれ趣味が違うんだから、あなたに言われる筋合いはないよ」

5 嘘をつかれていた

あなたは、今晩ご飯を食べに行かないかと後輩を誘いました。しかし、後輩は打ち合わせの予定が入っているとのこと。仕方なく別の人を誘ってレストランに向かったのですが、なんとそこに後輩の姿が！

気まずい空気。
ここは先輩であるあなたが
何とかしなければ……。
緊迫した場面を軽やかに
切り抜ける対応とは？

シチュエーション自体を面白がる

思いがけない場所で鉢合わせしてしまうのは、実に気まずいシチュエーションです。しかし、この場合はあくまで後輩の方に説明責任が生じているわけであって、先輩であるあなたが「何とかしなければ」と焦る必要はありません。なぜならあなたは、単に後輩に誘いを断られただけですよね。

ここで、先輩であるあなたに求められる対応としては、目が合ったときに「まあまあ、まあいいから」という気持ちを含んだ目配せをし、後輩に「大丈夫である」ことだけを視線とジェスチャーで伝え、その場では一切話しかけないということです。

ただ、いかなる理由があるにせよ、誘いを断られているあなたとしては、後輩と目が合った瞬間、驚くと同時に「お前、なんでここにいるんだよ！」とムッとしますよね。後輩も同じく「あ！（マズイ……）」という表情をすることでしょう。

つまり、お互いに「あ！」と驚くこと自体は極めて自然なことですし、こればかりは防ぎようもありません。問題は、驚いた〝次の〟瞬間です。そこで、気持ちに任せてムッとした表情を浮かべるのではなく、そんなシチュエーションで目が合ってしまったこと自体を面白がるような余裕を見せてこそ、大人の対応といえるのです。

この場合、先輩であるあなたは、「まあいいから」という微笑みを浮かべつつ「話は後日、聞かせてもらおうじゃないか、ふっふっふ」と心の中で思っていればいいわけです。そして、翌日にでも顔を合わせたときに、「おいおい、お前、どういうことだよ～（笑）」と、笑いながら話しかけてみましょう。

そもそも腹を立てるようなこと？

人間は、必ず嘘をつく生き物です。もちろん、まったく嘘をつかずに生きていくこともできますが、「嘘も方便」という言葉があるように、適当なことを言って何か別のことを優先させる場面が多くあるわけです。嘘をつかなければ角が立つ場合もあります。ですから、このケースは〝運悪く〟嘘がばれてしまったケースといえるでしょう。先輩であるあなたは変に隠そうとせず、「おいおい、お前、どういうことだよ〜（笑）」と、そのまま感じていることを投げかけることで、後輩も「いやあ、本当にすみません……」と言えるわけですね。

みなさんは、そもそも腹を立てるほど重要なことが、世の中にどれだけあると思いますか？　私は、それほど重要なことは、実はほとんどないと考えています。それぞれの人が、それぞれの事情と目的を持って生きている以上、摩擦が起きるのはしごく当然のことなのです。

世の中は〝仕方のない〟ことばかり

たとえば、あなたが大きなプロジェクトを率いて頑張っていたとしましょう。来る日も来る日も笑顔を絶やさず必死に頑張ったあなたは、プロジェクトを成功直前まで導いていたとします。「あと、少し……」。そんなとき、上司から呼び出しを受けたあなたは、プロジェクトがなかば強制的に終了することを知らされます。「うまくいっていたのに、なぜ⁉」「ここまで頑張ってきた自分の努力は、いったい何だったんだ！」……。様々な思いが去来するに違いありません。

しかし、世の中というのは、あなたの事情だけで動いているわけではないのです。この場合は、会社の経営上の戦略と、あなたの率いるプロジェクトがかみ合わなかった、という事実があるだけです。悔しい気持ちもわかりますが、世の中には往々にして、そういったことが起きうるのです。

つまり、「なんで嘘をつくんだ！」「私のプライドが傷ついた！」などと腹を立てるだけ損といえるでしょう。なぜなら世の中は、〝仕方のない〟ことであふれているからです。それらに一喜一憂しているようでは、あなたの身体も心も持ちませんよ。

大人の対応

・シチュエーション自体を面白がる

↓（当日）「（視線とジェスチャーで）まあまあ、まあいいから」

↓（後日）「おいおい、お前、どういうことだよ〜（笑）」

・そもそも腹を立てるようなことか考える

いちいち腹を立てていると、疲れてしまいます。軽やかに生きたいものですね。

NGワード

「なんで嘘をつくんだ！」

「私のプライドが傷ついた！」

6 名前を間違えられている

新しいプロジェクトの、取引先の担当者。彼はいつもあなたの名前を間違えてメールを送ってきます。一度ならまだしも、今回で三回目。今後のために、そろそろ間違いを指摘した方がよさそうですが。

「なぜ最初に言ってくれないのか」とも思われかねない、この問題。どう相手に伝えればよいのでしょうか？

「齋藤考」でも構いません

私の知り合いに、神田《こうだ》さんという方がいらっしゃいます。ちょっと珍しい読み方ですよね。ですから、彼はいつも「かんださん」と呼ばれてしまいます。ところが、あまりに間違えられるものですから、彼自身「僕はもう、かんだでいいです（笑）」とばかりに、特に間違いを正さずにいる場面をよく見かけます。

つまり、名前を間違えられる人というのは、往々にして頻繁に「間違えられている」ものです。したがって、神田さんのように間違いを受け入れて、「間違われていても構わない」と、指摘せずに放っておくというのも一つの手かもしれません。

ちなみに私の名前は「考」ですが、郵便物などではよく「考」と誤記されています。これも、私は受け入れています。なぜなら、「判別できる」からです。「齋藤考」宛の郵便物であっても、高確率で自分宛であることがわかりますから、私は「齋藤考」でも構いません（笑）。

よくある間違いとしては、今川さんを「いまがわ」と読むか「いまかわ」と読むかなど、濁音のあるなしがありますね。これも、ご本人は気になるとは思います。しかし、ちょっとしたご縁のその場かぎりのおつきあいだとすれば、ある程度、受け入れてしまってもよいのではないでしょうか？

大人は相手のプライドを傷つけない

ところが、仕事上のやり取りなどでは、受け入れてばかりいられないケースが出てきます。修正しないと、後々やっかいになってしまう、というような場合です。そうした場合は、もちろん相手に伝えるべきでしょう。では、いったいどのように伝えるのが大人の対応といえるのでしょうか？

第一段階としては、メールでのやり取りで文面の最後に必ず署名を入れることによって、相手に「気づいてもらう」というパターンです。これが一番スマートな伝え方だと思いますが、なかなか気づいてもらえないことの方が多いかもしれません。

かといって、「僕は、伊藤ではありません、伊東です。間違えないでください！」などとストレートに伝えるのはよくありません。これでは相手も「す、すみません……」と恐縮してしまいますし、何よりプライドを傷つけてしまいます。

大人はあくまで軽やかに、「いやいや、よく〝藤〟に間違えられるんですよね〜。でも、実は僕、伊〝東〟なんですよ。そうですね、東京出身ですし、東のイトウとでも覚えておいていただけると嬉しいです」など、相手のプライドを傷つけないような、軽い雑談にしてみてはいかがでしょうか？

キャッチフレーズで雑談を

もしくは、覚えてもらいやすくするために、芸能人やスポーツ選手などの名前を出すのもよい手です。「あの、ちょっと懐かしい名前ですけれど、ドラフトなんかで司会をしていたパンチョ伊東って覚えていらっしゃいます？　あの、パンチョ伊東の方の〝伊東〟でございます！」。こんな調子で伝えれば、相手も笑いながら覚えられますし、プライドを傷つけることもありません。

つまり、あなたが名前をよく間違えられるのであれば、普段から「〇〇の方の△△です」というように、相手に覚えてもらいやすい〝キャッチフレーズ〟を用意しておくことをおすすめします。「よく間違えられるんですけど、東の方の伊東です」と自己紹介したところで、気分を害す人はいません。さらには芸能人やスポーツ選手の名前を出すことで、その場の雰囲気がぐっとほぐれるという効果もあります。

このように、名前を間違えられるという悩みを逆手にとってよい雑談のネタにすることこそ、大人の対応といえるかもしれませんね。

大人の対応

・相手のプライドを傷つけず、雑談にする

↓「いやいや、よく〝藤〟に
間違えられるんですよね〜。（中略）
東京出身ですし、東のイトウとでも
覚えておいていただけると嬉しいです」

・印象的なキャッチフレーズで伝える

↓「パンチョ伊東って覚えていらっしゃいます？
あの、パンチョ伊東の方の〝伊東〟で
ございます！」

＼ NGワード ／

「僕は、伊藤ではありません、伊東です。間違えないでください！」

7 秘密をばらされていた

あなたは部署異動が決まり、そのことを同僚のBさんにだけ話していました。相談に乗ってくれていたBさんには「ここだけの秘密にしてほしい」と言ってあります。

ところが、別の同僚と話していると、なぜかその同僚があなたの異動の話を知っているのです。

「秘密にして」と言ったはずなのに。
こんなやるせないときの対応とは？

秘密には〝覚悟〟が必要

あなたは、もちろんBさんを信頼して話をしたのでしょうから、それがばれていたとなると「どうして話してしまったの！」「信用して話したのに」と腹が立つことでしょう。しかし、このケースでもっとも反省すべき人物は、いったい誰だと思いますか？　実は、秘密にしてほしいと話をした、あなた自身に他なりません。

そもそも、本来であれば誰かに話すようなことではないのです。かつ、結果として秘密をばらしてしまうようなBさんという人物を選んで話してしまったのですから、気の毒ですが、あなたは二重の間違いをおかしたわけですね。

よく、「ここだけの話」などと言いますが、あちこちで膨大な数の「ここだけの話」があるわけです。もし、あなたが誰かに秘密を話すことがあれば、「一人に話すことは全世界に話すことに等しい」という〝覚悟〟を持って話さねばなりません。いくら「秘密にしてほしい」と頼んだところで、ひょんなことから漏れることなど、いくらでも想定できるはずでしょう。大人であるあなたは、そもそも秘密を一人にとどめることなど不可能である、という認識を持っていてください。

秘密を共有できる人を作る

かといって、心の奥にある秘密や悩み、もしくは気持ちを誰とも共有できないとなれば息が詰まってしまいます。大概の秘密は漏れるものに変わりありませんが、それを「漏らさない」人物として挙げられるのは、運命共同体であるところの〝家族〟でしょう。もちろん家族関係も様々ですから、〝家族同然の人物〟と言い換えてもいいかもしれません。そういった、絶対に秘密が保てる相手というのを、あらかじめ一人か二人作っておくとよいかもしれません。

あるいは、仕事の話であれば同僚などの近しい人物ではなく、まったく違う部署、もしくは違う会社の人間など、仕事において共通の知り合いのいない相手を選んで話すとよいかもしれませんね。この場合、その秘密を漏らす相手がいない立場の人物ですから、多少は安心できるでしょう。

大人は原因を追及しない

あなたの悔しい気持ちもわかりますが、本当の〝秘密〟であれば、判断を間違ったとしか言いようがありません。秘密を守るということは、それを押し付けられた側からすると、負担でしかないのです。よく、「あの人に秘密を漏らしたらおしまいだよ」ということで有名な人物がいますね。秘密を話そうものなら、翌日には会社中に知れ渡ってしまうような危険人物です。こういう人は、秘密を守るという負担に耐えることができないというわけです。

したがって、秘密を漏らされた悔しい気持ちが消えないようであれば、「そもそも、そのおしゃべりな口に蓋をしてくれと言ったこちらが悪うございました。

さぞかし負担だったことでしょう。選ぶ相手を間違えた私のミスです」と、皮肉をまじえつつ心の中で反省して、自分にも非があったと水に流してしまいましょう。

大人の対応の基本として、原因を追及しない、というものがあります。つまり、「いかにあなたがおかしいのか、悪かったのか」というように本当の原因や要因を追及し出すと、それは裁判になってしまうわけです。明らかなミスや不始末を追及したところで意味がありませんし、こちらも疲れてしまいます。

流してあげる、触れないであげる……。気持ちの面では難しいと思うこともあるかもしれませんが、スマートに水に流してあげることこそが、究極の大人の対応だといえるかもしれません。

大人の対応

・**秘密は、覚悟を持って話す**

↓（心の中で）「二人に話すことは
全世界に話すことに等しい」

・**相手に秘密を話してしまったことを
反省しつつ、水に流す**

↓（心の中で）「そもそも、そのおしゃべりな口に
蓋をしてくれと言ったこちらが
悪うございました。
さぞかし負担だったことでしょう。
選ぶ相手を間違えた私のミスです」

＼ NGワード ／

「どうして話してしまったの！」
「信用して話したのに」

column 1

大人は肩の力を抜いている

この世の中は、仕方のないことや不条理で溢れています。だからこそ、大人は一喜一憂しません。私自身、ほとんどのことには腹を立てなくなり、また、落ち込むようなこともなくなりました。そもそも、わざわざ腹を立てる必要のあることが、いったいどれだけあるでしょうか？

フィギュアスケートの宇野昌磨選手は、大舞台のオリンピックの試合で転んでしまった際、「これでもう金メダルは獲れない」とわかり、笑いがこみ上げてきたそうです。しかも、その後の演技中、笑いをこらえるのに必死だったとか――

「ああ、もうダメだ、金メダルが……」ではなく、「そうか、もう金メダルは獲れないのか。けははは！」です。私はこのエピソードに衝撃を受けました。彼のように、「笑うしかない」という状況を冷静に、ユーモアを持って受け入れてこそ、真の大人だといえるのではないでしょうか？

8 似ていない自分のものまねをされた

同僚たちとの食事中、仲間の一人が自分のものまねを始めました。周囲は笑っていますが、自分としてはまったく似ていると思えませんし、はっきり言って不快です。

雰囲気を壊したくはないけど、できればやめてもらいたい。そんなときの大人の対応は？

あなたは愛されている！

この場合はずばり、「ありがたいと思う」気持ちが大切です。

それこそ、「ものまねをされてこそ、はじめて存在価値がある」というように思ってはいかがでしょうか？　実際に、その通りなのですから。

たとえば、私はどちらかというと男性にしては声が高い方です。テレビでコメントなどをさせてもらっているときはそれほど気にならないかもしれませんが、これが大学の授業となると一気にテンションが上がるため、どんどん声が高くなるのですね。

それを面白がった学生たちが、「先生のものまねやります」などと言って、私のものまねをやって見せるわけです。私はそのものまねを見て、思わず爆笑してしまいました。自分で思い当たるようなところもたくさんあり、とてもよく似ていたからです。

また、私のいない所では、私のことを「孝」と呼んでいることもあるようですが、それはあくまで愛称です。逆に言えば〝愛されている〟ということに他なりませんから、私はまったく気にしません。呼び捨てではなく、愛称と捉えれば、なごやかに受け止められます。

存在感のある人間とは？

人間は、自分の〝存在感〟に敏感な生き物です。

多くの人は、「存在感のある人間になりたい」と願っているのではないでしょうか。では、その〝存在感〟とはいかなるものだと思いますか？　私はそれを、「不在時の被引用率」だと考えています。

これを簡単に言い換えますと、「その人物が不在の場所で、どれだけその人物の話題が持ち上がるのか」ということです。それが悪口であったとしても（もちろんよい話題の方がいいですが）、話題になるだけ存在感がある人物である、ということですね。

つまり、人の〝存在感〟というのは他人からどれだけ話題にされるかということであり、その最たるものが、ものまねであると私は考えているのです。

ですから、「そんな似ていないものまね、やめてよ!」「失礼じゃない?」などと言うようでは度量が狭すぎますし、そもそも、もったいないと思います。

一流の人間が、ものまねをされる理由

ものまねをされるということは、それだけ個性があるということになりますし、個性がある人というのは存在感がある人だと言い換えられるでしょう。

実際に、一流の歌手や俳優などは、必ずと言っていいほどものまねをされる運命にあります。しかし、単に歌がうまい人や演技がうまい人、というだけではものまねをされることはありません。

これは、いったいなぜだと思いますか?　それは特徴に乏しいからです。つま

り、ものまねをされるということは、人気があるという証でもあるのです。

もし、あなたがものまねをされたなら、「ああ、自分もものまねをされるところまで来たか！」と、自分を褒めてあげてください。

ですから、まずは不快であるという〝気持ち〟を変えるところから、始めてみてはいかがでしょうか。

ものまねの定番「ルパン三世」

そもそも、ものまねというのは、多少おかしくて笑えるからこそ存在するものです。

先日、『全力!脱力タイムズ』というテレビ番組で、言葉の語源について説明をする役割があったのですが、なんとそれを「ルパン三世」のものまねでやってください、というディレクターからのリクエストがありました。もちろん、過去にそのようなものまねをしたことはありません。いわゆる、無茶振りです。

しかし、なんとかリクエストにこたえるべく、私なりにトライしてみたところ、思いの外自分でも面白く感じられました。語源の説明の間に、あの「ふーじこちゃーん」を連呼するというあまり似ていないものまねでしたが(笑)、幸いなことに、みなさんにも喜んでいただけたようです。

『ルパン三世』は、アニメ自体が数十年にわたって放送されるほど愛されている作品ですし、誰がルパン三世の声優を務めるかということがニュースになるほど個性的で、多くの人に愛されている存在感のあるキャラクターです。だからこそ、ものまねの定番としても定着しているのでしょう。

閑話休題。ものまねをされる人物というのは、それなりに人気がある人ということになります。たとえば、田村正和さんの『古畑任三郎』なども、まるで「真似をしてくれ」と言わんばかりのキャラクターですよね。あれくらいになりますと、真のスターといえるでしょう。また、政治家の田中角栄氏などはよい例ではないでしょうか。逮捕もされましたし紆余曲折あった人物ですが、その後、ものまねをされるような首相がいったい何人出てきたことでしょう。

乗っかりつつリクエストする

もちろん、自分が嫌だと感じているポイントを大げさにものまねされるとなると、「これが広まるのは嫌だなあ」という暗い気持ちになることがあるかもしれません。しかし、それもあなたの個性であり、存在感そのものです。

その上で、どうしても不快だということであれば、「違う違う、もっとこうしたらどうかな？」と、ものまねを受け入れた上で、あえて〝乗っかる〟のも一案です。本家が自分の特徴を誇張するのですから、誰も文句は言えませんし、自分の好きなようにものまねを修正することができます。そのときに、さりげなく自分の希望を入れてみてもいいでしょう。

いずれにせよ、ものまねとはあなたの存在感と個性のなせる技、ということです。

大人の対応

・ものまねされる＝愛されていると捉え、ありがたいと思う

↓（心の中で）「ありがたいなあ……」

・ものまねされるのは、一流である証だと思う

↓（心の中で）「ああ、自分もものまねをされるところまで来たか！」

・あえて乗っかり、リクエストする

↓「違う違う、もっとこうしたらどうかな？」

存在感ゆえのものまね。一流芸能人のように、広い心で受け止めましょう。

NGワード

「そんな似ていないものまね、やめてよ！」

「失礼じゃない？」

9 一方的に怒りをぶつけてきた

会社のメールをチェックしたところ、取引相手から一方的に怒りをぶつけるメールが届いていました。
こちらが悪いわけでもなく、ただ先方が思い通りにならないことに憤りを覚えているといった内容です。ついイライラして、そのまま返信してしまいそうになりますが……。

一方的に怒りをぶつけられる。
そんな理不尽なことに
対応するには？

イライラしたら〝間をおく〟

明らかに先方の一方的な言い分、いわば感情をぶつけるだけのようなメールが来た場合には、とにかく〝間（時間）をおく〟ということを頭に入れておきましょう。

とりあえず、「メールを拝受いたしました。その件につきましてはこちらでも検討させていただいて、後ほどあらためてご返信させていただきます」というように、これ以上相手を怒らせないよう、メールを受信したことだけを丁寧に伝えてから〝間をおく〟のです。

怒りというものは、多くの場合、時間が癒していくものです。ですから、たとえ1～2日でも時間が経てば、相手が「少し言いすぎたかもしれない」と感じ始めるケースも少なくありません。だからこそ、最初にメールを受け取ったことだけを伝え、あくまで核心には触れない文面を返しておくことが、重要なポイントなのです。

ちなみに、これは相手の怒りをおさめることだけを目的としているわけではありません。一方的な怒りをぶつけられたら、どんな人でも多少は「イラッ」としますよね。ですから、間をおかずに核心に触れる返信をすると、自然と〝こちら〟のイライラも反映されてしまうのです。怒りにまかせて「大変お怒りのようですが、こちらとしてはそのようなことを言われましても、対処しかねます」などと返信したところで、相手の怒りに油を注ぐだけでしょう。

つまり、こちらの感情を鎮めるためにも、時間が必要だということです。

できる大人は〝メールに持ち込む〟

仮に、先方のメールがあまりに強い怒りの文章である場合は、もしかすると、どこかで行き違いが生じているという可能性も捨てきれません。ですから〝間をおいている〟間に、いろいろな角度から、問題の検証をしてみるとよいでしょう。

その際、「こちらでも確認させていただきます」「精査いたします」というような丁寧な言葉遣いでその場をおさめると同時に、決して相手の意見を肯定しない、謝らない、というのもポイントです。なぜなら、問題の検証をするうちに先方の勘違いやミスがわかる可能性もあるからです。最初に「申し訳ありません」などと謝ってしまうと、その勘違いを認めたことになってしまいます。

この場合はメールですので、自分がイラッとしていても、対応さえ間違えなければ大きな問題にはならないでしょう。

それでは、先方から突然電話がかかってきた場合は、どのように対応すべきでしょうか？

電話の場合は、相手の怒りがダイレクトに伝わってきますから、こちらとしても非常にしんどいわけですね。しかし、この場合も「仰ることは、よくわかりました。それでは、こちらでも検討しまして、後ほどあらためてメールにてお返事させていただきます」というように、どうにか時間をおく努力をすると同時に〝メールに持ち込む〟ことがポイントになってきます。

メールはごまかせない

メールというのは、事実関係と了解事項の積み重ねです。つまり、文面として残っている以上、ごまかせないわけです。感情だけで嘘をつくというようなことが不可能な世界です。ですから、本来仕事でのやり取りは、すべて文面に残すべきですし、メールに残しておくことによって、このような突発的な出来事にも対処できるようになるわけです。

また、電話で相手を罵倒し続けるような人はたびたび見かけても、メールで激昂し続ける人は少ないように思いませんか？　これは、感情を言語化していくうちに怒り続けることが難しくなり、少しずつ冷静になっていくためです。

ですから、感情面のイライラはとりあえず時間をおくことで対処し、その後、じっくりとメールのやり取りを確認しながら事実関係を明らかにしていく……。

この戦法で対応していきましょう。

「どうも」という日本語のマジック

ただし、このような手順でメールのやり取りをしていても、どうにも相手の怒りがおさまらない、どこか感情が行き違っていると感じる場合には、思い切って電話をしてみるというのも一つの手です。

「このたびは、どうもすみませんでした」などと、こちらが丁寧に出るうちに、相手も「いや、こちらこそ、どうもすみません」と、つられて怒りがおさまる可能性があります。

つまり、感情の共有をすることで〝ガス抜き〟をするわけです。この場合、「どうも」という日本語は、感情の共有に絶大な効果を発揮します。

相手のタイプを見極める

文面では激しい怒りをぶつけてくる相手でも、電話になると〝そうでもない〟というケースもたびたび見られます。不思議とメールでの攻撃性が減って、笑い声すらあげるような人がいるのです。このようなタイプの方は、会って話すとさらに態度が軟化する傾向にあります。

ですから、電話でのリアクションから、どうも相手がこのようなタイプであると判断した場合には、実際に会って「このたびはどうも行き違いがありまして……」などとゆっくりと事実関係を紐解いていき、雑談に持ち込むとよいでしょう。

いかにも日本人らしいというのでしょうか。〝面と向かって怒り続ける〟ことが苦手というわけです。ぜひ、時間をかけて怒りをおさめつつ、やり取りを正しく見極めて、ケースに見合った大人の対応を心がけてくださいね。

大人の対応

・間をおく

↓「メールを拝受いたしました。
こちらでも検討させていただいて、
後ほどあらためて
ご返信させていただきます」

↓「こちらでも確認させていただきます」
「精査いたします」

・「どうも」という言葉を使う

↓（電話で）「このたびは、どうもすみませんでした」

↓「どうも行き違いがあったようで」

＼NGワード／

「大変お怒りのようですが、こちらとしては
そのようなことを言われましても、対処しかねます」

（問題を検証する前に）「申し訳ありません」

10 喧嘩の間に挟まれた

知人と三人で仕事について話していたところ、二人が熱くなって言い争いを始めました。お互いの仕事論について、納得できないようです。どんどん雰囲気が悪くなり、間に挟まれてしまいました。

中立の立場ではありますが、この雰囲気。どう対処すべきでしょうか？

私が友人を失った理由

　これは知人との間で起きた喧嘩のようですが、飲み会などでもよくある場面です。「教育とは何か」「研究とはどうあるべきか」……。若い頃、私も〝本質的〟な話題を振っては、あらゆる人と議論を交わしたものです。

　しかし、その議論の末に残ったものは、いったい何だと思いますか？　実は、何も残らなかったどころか、友人の数が減っただけだったのです。〝本質的〟な議論ほど意味のないものはありません。若かったあの頃、もっと楽しい話題を共有しておいたらよかったと、今でも考えることがあります。

　そもそも、自分が〝本質的〟だと思っている事柄に限って、実は〝抽象的〟であるというケースがほとんどです。そして〝抽象的〟な事柄は、議論するだけ無駄です。たとえば、それぞれの政治信条について熱く語り合ったところでほとんど何も生まれないということは、テレビの討論番組などを見てもおわかりになるでしょう。そんな熱くなっている最中に「やめなよ！　大人気ない」などと仲裁に入ると、かえって火に油を注ぐことになりかねません。

大人は〝抽象的〟な話題を避ける

喧嘩の間に挟まれているときに限らず、自分が怒りで熱くなってしまっているような場合は、まず、その話し合いが〝抽象的〟なものでないか、つまり〝具体的〟かつ意味のあるものかどうかを、よく見極めてください。

ここで、みなさんに覚えていていただきたいのは、相手の考え方を変えるということは非常に難しいということ、そして、相手の考えを変えることに意味があるとは限らない、ということです。

つまり、あなたが信じ、話していることばかりが真実ではありません。世の中には様々な考え方が存在します。決して、あなただけが正しいと思わないでください。くり返しますが〝具体的〟で、意味のある話を心がけるようにしましょう。

そして、その議論が〝具体的〟なものであると判断したら、今度はなるべく〝前向き〟な〝これから〟の話になるよう努めてください。もちろん、過去の話題だとしても「あのときは大変だったよな」「もうあんなことはやりたくないですよね」など、お互いに共感し合えるような話題であれば構いません。

しかし、「この話をすると、相手と気まずくなるんだよな」という〝抽象的〟な話題だけは、全力で避けるようにしましょう。

売れない役者さんが、飲み屋で演劇論を語り出して熱くなり、しまいには殴り合いを始める……などということがありますが、なんと意味のないことでしょう。青臭く苦い思い出を作りたいのであれば話は別ですが、喧嘩をする時間があるなら芝居の稽古をすべきだと思いませんか（笑）。

火消しのテクニック

自分の前にいる二人が熱くなって言い合いを始めた場合には、どうにかかわす、やり過ごすというのもいいですが、あえて自分が〝標的〟となることでその場をおさめるという高度なテクニックもあります。

たとえば、二人の熱い仕事論を前に、「そもそも仕事なんてやる意味あるんですかね」「俺、根本的にやる気が起きないんですけど」などと冷めた物言いをぶち込む。すると、これまで喧嘩をしていた二人も「こいつ、何を言っているんだ。根性を叩き直してやる」とばかりに、その場の雰囲気がガラッと変わるはずです。

人は、共通の敵ができると団結する生き物です。自分が集中砲火を浴びることでその場をおさめるこのテクニックは、ある意味で捨て身の、まるで火消しのようなものかもしれません（笑）。

あらゆるシーンで役立つ〝悩みごと〟

少々過激なテクニックに思われるかもしれませんが、要は自分に話題の矛先を変えるのです。もちろん、先ほどのように挑発的な言葉でなくとも、「そうそう、その仕事の件なんですが、実は自分も悩んでいて……」「その仕事、僕もぜひ関わらせていただきたいのですが、どんなことに注意すればいいですかね？」など、自分の話題を振るだけでも構いません。それでも効果があるはずです。

あなたの悩み相談によって、ソフトに話題の矛先が変わりますから、熱くなっていた二人もなんとなく団結して「その場合は……」などとアドバイスをくれるでしょう。次第に、「そうそう、お前、よくわかっているな！」などと、逆に意気投合する場面すら見られるかもしれません。

相談というのは、あらゆる場面で使えるテクニックの一つです。なぜなら、他人の相談や悩みに応えようとするとき、人はもっとも冷静になるからです。もちろん、部下を説教するような場合で、熱くなることもあるでしょう。しかし、持ちかけられた相談に応えようとするとき、人間は本能的に「この人の役に立ちたい」「役に立つ人間だと思われたい」という気持ちが働きます。頑張って自分のベストを尽くそうとするのです。ゆえに、冷静にならざるをえないわけです。

したがって、あらゆるシーンで役立つ〝悩みごと〟の相談を、常に用意しておくとよいかもしれません。

〝きちんと人を選んで話す〟練習

本題とは違いますが、私はコミュニケーションに関する講演会やセミナーを行う際、「では、隣に座っている人に、自分の相談を持ちかけてみましょう！」という課題を出すことがあります。「？」と思われるかもしれませんが、これが、なかなか盛り上がります。相談をするためには、相手との距離感や空気感を読まなければいけませんから、非常によい勉強になるのです。

したがって、日常においても「この人には恋愛の話を、あの人には家庭の話を」と頭の中で整理しておくことが、「きちんと人を選んで話す」という練習につながります。ポイントは、相手に合わせた適度な相談事を持つことです。

人と適切な距離感を取り、有効なコミュニケーションをはかりましょう！

大人の対応

・その議論が〝具体的〟かつ、意味のあるものかどうかを見極める

・あえて自分が〝標的〟になる

→「俺、根本的にやる気が起きないんですけど」

・自分の話題を振る

→「そうそう、その仕事の件なんですが、実は自分も悩んでいて……」

意味のない抽象的な議論は、友人を失います。みなさんは気をつけてくださいね。

NGワード

「やめなよ！　大人気ない」

11 以前会ったことのある相手に、初対面だと思われている

以前に仕事を一緒にしたことがある相手と、偶然数年ぶりに会いました。

こちらはすぐに気づいたのですが、相手は初対面だと思っているようで「はじめまして」と、名刺を渡してきました。

先方もこちらも
気まずくならない、
スマートな対応とは？

大人は相手に恥をかかせない

大人の対応の基本の一つに、「相手に恥をかかせない」というものがあります。

したがって、このケースのように先方が「自分のことをどうやら忘れているようだ」という場合には、最初の挨拶の際に「実は、以前、〇〇の件でお世話になった△です」というように、自分から名乗り出るようにしましょう。

相手が思い出すか否かは、大した問題ではありません。単純に記憶力が悪い人もいますし、あまりに多くの人と仕事をしているようであれば、なかなか名前と顔が一致しない、ということも多々あります。

いずれにせよ、まるで初対面同士のような挨拶をして、しばらく経ってから「実は……」と切り出すと気まずくなりますよね。とにかく、〝サッサと名乗り出る〟ことが、大人の対応の基本だと覚えておいてください。

空振りしてもＯＫ

また、せっかく相手が自己紹介をしてくれたのに自分が覚えていないという場合には、嘘でもいいですから「そうでしたか！」「あのときの！」ということで、再会した喜びを爆発させてみましょう。あまりに芝居がかってもいけませんが、喜ばれて嫌な気分になる人はいないはずです。

あるいは、相手が名乗り出てくれないケースもあるでしょう。そのような場合は、こちらから「あの、以前どこかでご一緒させていただいたことがありますでしょうか？」と聞いてみてください。

「実はどこそこで」とくれば「あのときの！」と喜びを分かち合えばいいですし、「いえ、今回初めてお会いします」ということであれば、「ああ、そうでしたか。失礼しました。このたびはよろしくお願いいたします！」ということで構いません。たとえ空振りしても、感じよく応対できれば相手の気分を害することはないでしょう。

相槌でかわし、雑談力で盛り上げる

以前、『オールスター感謝祭』というテレビ番組で、お笑いコンビ・阿佐ヶ谷姉妹の渡辺江里子さんにお会いしたとき、「実は私、大学生のときに先生の授業に出ていたんですよ。飲み会もご一緒したことがあります」と打ち明けられたことがあります。こちらは渡辺さんのファンですから「えー！」と仰天しまして、その後、「では、まだあの先生がいらした時代ですね～」「懐かしいですね！」と、ずいぶんと会話がはずみました。私もさすがにすべての学生さんの顔を覚えているわけではありませんから、このときは自ら名乗り出てくださり、とても嬉しかったことを覚えています。

ポイントは、「その人個人を覚えているか、思い出せるか？」ではなく、「共通の思い出や事象を共有できるか？」ということです。つまり、私も「〇〇の時代の△の授業を受けていた」と聞けば、さすがに渡辺さん個人のお顔を思い出せずとも、そのときの授業の内容などが、ありありと頭に浮かぶわけです。ですから、当然、話は盛り上がります。

しかし、ある程度まとまった時間を共有していたにもかかわらず、相手に忘れられていたとなれば、誰でもがっかりしてしまうものですね。ですから、自分がうっかり忘れていたことが判明した場合には、嘘でもいいので「ああ、あのときの！」「ご一緒しましたね～」「もう、ずいぶん経ちますね」「そんなこともありましたね」など、曖昧な供述と相槌をくり返すようにしてください。

たとえ最初は曖昧なやりとりだったとしても、共通の出来事や知り合いを思い出すうちに、次第に本当の楽しい会話になるものです。これこそが、雑談力です。

ぜひ、相槌でかわし、雑談力で盛り上げてくださいね！

大人の対応

・最初の挨拶で、自分から名乗り出る

↓「実は、以前、〇〇の件でお世話になった△です」

・空振りを恐れず、聞いてみる

↓「あの、以前どこかでご一緒させていただいたことがありますでしょうか？」

・相槌でかわし、雑談力で盛り上げる

↓「ああ、あのときの！」「ご一緒しましたね〜」

「もう、ずいぶん経ちますね〜」

「そんなこともありましたね」

NG対応

（しばらく経ってから）「実は……」と切り出す

12 距離のある相手からの言葉に困る

たまにしか会わない相手から、「実は先月、離婚したんですよ」と打ち明けられました。親しい相手ではないので、あれこれ聞くのもおかしいですし、どう返答していいのかわかりません。

大人はプライベートに立ち入らないもの。しかし、このように相手から打ち明けられた場合は？

大人は他人の苦労話に学ぶ

大人の人間関係において、適度な距離感を保つことは、非常に重要なことです。しかし、たまにしか会わないような人が、わざわざ「離婚したんですよ」と言ってくるということは、暗に「この件について言いたい、話したい」という気持ちが込められているはずです。

相手のそのような気持ちを汲み取った場合は、「そうですか、それは大変でしたね」と慰めながら、「差し支えなければ、どういう経緯で?」など、ちょっとした〝誘い水〟を向けてみるとよいかもしれません。相手に「この件について言いたい、話したい」気持ちがあれば、おそらく堰《せき》を切ったように話をすることでしょう。

もちろん、みなさんの中には「仕事相手の苦労話など聞きたくない」と思われる方もいらっしゃるかもしれません。しかし、他人の苦労話というものは意外にも世の中を知るよいきっかけになることが多いのです。また、「そうですか、それは大変なご苦労でしたねえ」「おつらいでしょうね」などというやり取りをすることで、仕事相手とはいえ人間同士ですから、一気に〝親しくなる〟というメリットもあります。

もし、あなたが「実は○年前、ちょっと病気をしまして……」と思い切って切り出したときにスルーされたら、いったいどんな気持ちになるか考えてみてください。

「へえ、こんな人生もあるのか！」

私は、「他人のプライベートなど、これっぽっちも興味がない」という人は、大人とはいえないと考えています。なぜなら、他人の離婚話や苦労話、もちろん結婚などのおめでたい話も含めた様々な人間模様を知ることで、「そんなことを言う人もいるのか！」「まさかそんなきっかけで結婚に至るとは」など、人間としての経験値が上がっていくものだからです。

ちなみに、私は『ＹＯＵは何しに日本へ？』『新婚さんいらっしゃい！』『月曜から夜ふかし』などの、素人の生活が透けて見えるようなテレビ番組が大好きで、毎週必ず録画をしてまで見るようにしています。これらの番組を見ていますと、「こういう夫婦の形もあるんだなあ」「へえ、こんな人生もあるのか！」と刺激を受けて、非常に勉強になるのです。

要するに、相手のプライベートがふと出てきたときにフレキシブルに対応できない人は、子どもと同じです。「そんなこと話されても困ります！」と感じるようであれば、あなたの人生の経験値が足りないということなのです。

そうではなく、「ここは、離婚というものについて当事者から話を聞くことができる、またとない機会」と捉えてこそ、大人の対応といえるでしょう。「離婚とはいかなるものか？」「離婚とは人にどれほどのダメージを与えるものか？」「その回復に必要な時間は？」などなど、あなたの勉強になる要素がいくらでも用意されています。

親しみやすい人間関係を作るテクニック

大人はどんな話題になろうとも、「なんと返していいか……」と緊張しないものです。何にでもオープンに興味を持ち、適切な相槌を打って話を聞くことができるようになりましょう。

大人の対応術の一つに、「何にでも親しむことができる」というものがあります。

適度な距離を保つことも大切な作法ではありますが、そんな雰囲気の中でも、さりげなく親しみの持てる人間関係を作ることが、大人のテクニックなのです。

普段は適度な距離感を保って仕事をしている相手に、ごくたまにポロっと漏らす一言が、互いの人間関係を強固なものにしていきます。もし、10年の付き合いにもかかわらず、結婚しているかどうかさえわからないようであれば、さすがに不自然だと思いませんか？　他人からどう思われるか恐れるあまり、何も話さないような人は、逆に怪しまれ孤立してしまいます。

大人の対応

・他人の苦労話に学ぶ

↓「そうですか、それは大変なご苦労でしたねえ」
「差し支えなければ、どういう経緯で？」

↓（心の中で）「ここは、離婚というものについて当事者から話を聞くことができる、またとない機会」

プライベートな話題は、親しみの持てる人間関係を築くこともできます。

NGワード

「そんなこと話されても困ります！」

13 先方のご不幸に対する言葉

先方の身内にご不幸がありました。「ご愁傷様です」「お悔やみ申し上げます」などの定型文の他に、先方をお慰めするよい言葉はありますか？

通り一遍の言葉ではなく、温度のある言葉で伝えたいときの、大人の対応とは？

先方の痛みを和らげるには？

ご不幸があった場合、もっとも注意しなければいけないのは、「どういう経緯で亡くなったか？」「どんな病気で亡くなったか？」など、どうしても先方が暗くならざるをえないような話題を避けるということです。そもそも、病気の話というのは雰囲気が重くなるばかりで、話題としての広がりもありません。

したがって、「御愁傷様です」「お悔やみ申し上げます」などの言葉で、その方の死を悼んだ後は、「どんなお母様だったんですか？」「生前、どんなご趣味をお持ちだったんですか？」など、故人が元気だった頃の、思い出話をしたくなるような話題を振るのがよいでしょう。

そうすることで、「お茶をたしなんでおりまして、着物を着てはあちこち動いていましたねえ」「とにかく明るい母だったんですよ」など、先方も思わず微笑むようなよい会話ができるはずですし、何よりも、元気だった故人について語り合うこと自体が、供養の一つになるのです。

また、「そうですね、着物のこととなると目の色が変わってね」「そうでしたか、素敵なご趣味をお持ちでしたね」などの会話で故人を偲ぶうちに、何より先方の痛みがふんわりと和らいでいくものです。仕事相手といえども人間同士ですから、〝痛みを和らげる〟一助になることが、何より大切なことなのです。

相手の状況を見極める

ただし、その悲しみのあまり、生前の姿を浮かべることすら辛い状況にある場合もあるでしょう。そのような場合は、話したいか話したくないかを見極めるためにも「何とも、お寂しいことですね」など、気持ちを察する声がけをしてみてください。

そこで先方が黙ってしまうようであれば、会話はストップしましょう。「寂しいですね。いや、明るい母だったものですから」などと会話が続くようであれば、そのまま故人を偲ぶ話をしてください。いずれ、先方の悲しみが癒え始めたときに、「そういえば、母の話を聞いてもらったなあ」としみじみ思い出されることでしょう。

とにかく、最初の声がけで先方が黙ってしまった場合は、亡くなった方の話は一切禁止です。そのことを知った上で、まったく別の話をするのも配慮というものです。あえて亡くなった方の話をしないということも心遣いだと覚えておきましょう。ここをきちんと見極めないことには、のちの人間関係に大きな亀裂が入る可能性もありますから、くれぐれも配慮するようにしてください。

〝放っておく〟ことの必要性

昨今では、肉親などの死だけではなく、ペットの死についても同様のことがいえるかもしれません。

私自身、以前飼っていた犬が死んでしまったときには、まるでこの世から色という色が消えてしまったようでした。何をやっても気持ちがふさぎ、楽しくなれないという経験をしたものです。

あのとき、もし犬に関する話題を振られていたら、「とにかく、その話はやめてほしい」となっていたことでしょう。ですから、ひたすらに放っておく、ということが必要な場合もあるのです。

先方の心が少しでも軽くなるような、明るく無難な話題を振るように心がけてくださいね。

大人の対応

・先方が故人の思い出話をしたくなるような話題を振る

↓「どんなお母様だったんですか？」

「生前、どんなご趣味をお持ちだったんですか？」

・気持ちを察する

↓「何とも、お寂しいことですね」

・悲しみが強い場合は、無理に声をかけないという配慮をする

NGワード

（先方が暗くなるような話題を振る）

「どういう経緯で亡くなったか？」

「どんな病気で亡くなったか？」

14 同僚の身だしなみが気になる

同僚と話している最中、同僚の鼻毛が出ていることに気がつきました。同僚はまったく気づいていないようで、笑顔で話しています。たしかこの後、同僚は新しい顧客に挨拶に行くと言っていたはずですが……。

伝えた方がいいのか、伝えると気まずくなってしまうのか。こんなときの大人の対応とは？

テレビの生放送で……

以前、私がテレビ番組に生出演したとき、なんと大物出演者のスーツの襟が立ったまま本番に入ろうとしたことがありました。もちろん、そのようなデザインのスーツではありません。

このときは、その出演者の隣に座っていた方が直前になって気づき、あわてて襟を直して事なきを得たのですが、テレビにうつる出演者からすれば、恥をかく寸前だったわけです……。

周囲のスタッフも、大物を相手に言いづらかったのかもしれません。しかし、このような場合は相手が誰であろうと指摘しなければいけませんし、あるいは誰かが気づくようなチェック体制を作っておくべきです。

このように、多くの人が見ているテレビともなればちょっとした身だしなみにも大変気を遣いますし、周囲も、気になることがあればきちんと指摘することが必要になります。

ところが、これが同僚の鼻毛となれば、どうでしょう？　もちろん、気づいてしまった側は気になりますし、言ってあげた方がよいか悩むかもしれません。

しかし、私は基本的に〝気づいていても言わない〟というスタンスでよいと思います。そもそも、鼻毛レベルを注意するとなると、あらゆることを注意しなくてはいけなくなりますよね。

判断の難しい、鼻毛問題

たとえば、同僚のシャツのボタンが外れていたとします。これについては「外れているよ」と一言言えばすぐに直すことができます。しかし、鼻毛というのは「出ているよ」と指摘されたところで、すぐに修正できるものではありません。

また、シャツのボタンが外れているということに関しては、誰が見ても百パーセント「ボタンが外れている」という同じ見解を持つことができますが、鼻毛となると、どこまでがＯＫでどこからがＮＧという判断が難しい側面もあります。

ちなみに、元棋士の加藤一二三さんは「鼻毛のおかげで風邪をひかない」と豪語されています。これは特殊なケースとはいえ、このように本人の意思で鼻毛を伸ばしているという場合もあるわけです。

「鼻毛が出ている人とは絶対に仕事をしない」という人も少ないでしょうし、本人の仕事に支障が出ていない以上、そのまま何も言わないであげるのが得策かもしれません。

相手に〝気づかせる〟テクニック

それでは、これから一緒に取引先へ向かう同僚の肩にフケが落ちていたとしたら、どうすべきでしょうか？　ポイントは、〝自分が気にしてみせること〟です。

つまり、こういうことです。もし、同僚の肩のフケが気になるとすれば、まずは自分がスーツの上着を脱いで、肩のあたりを気にしながらパタパタと払ってみせましょう。すると、不思議なほどの高確率で、同僚も同じように自分の上着のフケを気にするのです。

心理学の言葉で「ミラーリング」というものがありますが、もしかするとこれに近い理由かもしれません。いずれにせよ、人間の行動パターンの一つであるということです。あらゆる場面で応用できるテクニックなので、ぜひ覚えておいてくださいね。

一つだけ注意していただきたいのは、スカートがめくれているなど、異性について気になることがある場合は、必ず相手と同性の友人に頼んで注意してもらう、ということです。もちろん、鼻毛については言う必要はありませんよ（笑）！

大人の対応

・その場でどうにもできないことなら、指摘しない

・自分が気にしてみせて、相手に気づかせる

NG対応

どんなときでも、指摘してしまう

臨機応変さが必要になりますが、お互い気まずくならないよう、見極めましょう。

column 2

大人は自分の趣味を持つ

「NO ○○，NO LIFE」という、有名なキャッチフレーズがあるとお話ししました。私の場合、バルセロナ所属のサッカー選手、リオネル・メッシがそれに当たり、毎週必ずメッシの天才的なプレイを見ることが生きがいで、「メッシが引退したら、どうしよう！」と、今から心配しているほどです。そんな私は「NO MESSI，NO LIFE」だといえるでしょう。

また、あらゆるテレビ番組を録画して、時間のあるときに倍速で見ているほどですから、テレビも大好きです。あと、犬も好きだしテニスも好きだし、何より欅坂46も捨てがたい（笑）。

つまり、○○が多いほど人生に張り合いが出てきます。みなさんも、自分の「NO ○○，NO LIFE」をたくさん持つようにしてくださいね！　あなたは○○に、何を当てはめますか？

15 帰りたいのに、飲みに誘われる

今日は定時で家に帰って、子どもたちとの時間を作ろうと決め、集中して仕事を終わらせました。すると、ふらっとデスクにやってきた上司に、この後飲みに行かないかと誘われてしまいました。

どうしても今日だけは行けない……というとき。感じよくこの場を切り抜ける対応とは？

スペシャルデーを設けてみる

普段、お世話になっている上司となれば、たしかに対応に困りますね。

ただし、〝たまたまその日だけ帰りたい〟ということであれば、様々なケースが考えられます。たとえば、こんな大人の対応はいかがでしょう？

「本日はですね、我が家のスペシャルデーなんです！　このスペシャルデーに早く帰らないと、妻や子どもに怒られて、向こう10回は飲みに行けないかもしれません。それくらい大切な家族サービスの日なので、今日だけは申し訳ありません！」

そんなことを大真面目な顔で言えば、上司も思わず「おいおい、スペシャルデーって何なんだよ」と、吹き出してしまうはずです。

「いえ、一月に1日、早く帰って子どもと遊ぶと約束しているんです。これを破りますと、『お父さんの嘘つき！』ということになって、子どもに嘘を教えることになってしまうんです」などと追い討ちをかければ、上司も「まあ、いい。また今度な！」ということになるでしょう。

「次回のお誘いまでには、家庭内での発言権を増すように努力しておきます」と冗談を飛ばして、明るくその場を終わらせるというのもよいかもしれません。

大人は、相手のプライドを傷つけない

ポイントは、「今日は飲みに行けないけれども、次回は必ず」ということを強調することです。つまり、「今日〝は〟帰らせていただきますが、次回は必ずお付き合いさせていただきたいと思っています。また誘ってください」という気持ちを上司に伝えるのです。

上司という立場の人間には、多少なりともプライドがあるわけです。ですから、部下に飲みの誘いを断られただけで「俺のことが嫌いなのか」と、へそを曲げてしまうような、ちょっと困った人もたまにいます。

実は「人を誘う」のは、エネルギーが要ることです。それを断られると、自分

が拒絶されてしまったように感じてしまうのです。

ですから、部下であるあなたは、上司に「俺のことが嫌いなのか」と思わせないようにしなければいけません。そのために必要なのが、ちゃんとした断りの「理由」です。

「嘘も方便」をほどよく使う

たとえば、あなたが駅で切符を買うために、行列に並んでいたとしましょう。そこに、横入りをしてくる人物がいたとします。こんなことがあれば、当然、誰でもムッとしてしまいますよね。

ところが、この人物が「すみません、母親が急病なのです。今、とても急いでいて、本当に申し訳ありません！」と理由を述べたらどうなるでしょうか？

これは、テレビ番組で実際に行われた〝実験〟なのですが、「母の急病」という理由を聞いた行列に並ぶほとんどの人が、「どうぞ、どうぞ！」と、その人物に順番を譲ったのです……。

このことからも、相手を納得させるための「理由」が、いかに大切かということがおわかりになるでしょう。もちろん、これは〝実験〟ですので、年がら年中嘘をついていてはいけません。

ただし、「嘘も方便」という言葉があります。すべての場合に本当のことを言う必要はないということです。

それでも、「今週はお付き合いできない日が多いのですが、来週、あるいは再来週でしたら大丈夫です」というように、なんとなく具体的に聞こえる返答をすることで、上司の心証はさらによくなることでしょう。

「一時間の誠意」のすすめ

また、こんな手も使えるかもしれません。

それは、「(帰らなければいけないんだけれども)一時間だけお付き合いさせていただきます」というものです。これは、「本当に一時間だけ（一杯だけ）」というところがポイントです。きっかり一時間だけの誠意（付き合い）を見せるわけです。

実は、この手は〝使えば使うほど〟効果的です。なぜなら、たとえ一時間だけだとしても「あいつは必ず飲み会に参加する、本当に付き合いのいいやつだ」という印象を残すことができるからです。

たしかに、たった一時間、たった一杯だとしても、飲み会に出席したことに変わりないですよね。上司によっては、「そうか、そろそろ行くか。嫁さんの機嫌でも取ってやれよ」「子どもによくしてやれ」などという、ご機嫌な言葉が引き出せるかもしれません。

「少しの時間なら付き合えるかな……」という場合には、私はこの「一時間の誠意」をおすすめしたいと思います。

大人の対応

・スペシャルデーを設けてみる

↓「本日はですね、
我が家のスペシャルデーなんです！
このスペシャルデーに早く帰らないと、
妻や子どもに怒られて、
向こう10回は飲みに行けないかもしれません。
それくらい大切な家族サービスの日なので、
今日だけは申し訳ありません！」

・冗談をとばす

↓「次回のお誘いまでには、
家庭内での発言権を増すように
努力しておきます」

・相手を納得させる理由を述べる

↓「今週はお付き合いできない日が多いのですが、来週、あるいは再来週でしたら大丈夫です」

・一時間の誠意を見せる

↓「一時間だけ（一杯だけ）お付き合いさせていただきます」

たとえ一時間だけだとしても、少し付き合うだけで印象はぐっとよくなるものです。

NG ワード

「すみません、ちょっと無理なんです」

「今日は、別の用事があるんです」

16 業務連絡への返事が来ない

あなたは、プロジェクトの打ち合わせ日を設定するべく、関係者で作っているSNSグループにメッセージを送りました。

日程を調整し、「では○月△日でいこうと思いますが、よろしいでしょうか？」と確認を取ったところ、いつまでたっても一人だけ返信がありません。

メッセージは人数分「既読」になっているため、読んでいるのは確実なのですが……。

足並みを揃えたいのに……というもどかしさ。こんなとき、感情的にならない対応とは？

返事の遅い人にどう対応する？

返事の遅い人、というのがどんな組織にもいます。そういった方々に対して、私たちはどのように接すればよいと思いますか？

答えはシンプルです。「最終確認ですが、○日でよろしかったでしょうか？」という確認メールなり連絡を、たびたび入れ続けることしかできません。調整する側にとってみれば面倒なことですが、私たちが「返事の遅い人」を「返事の早い人」に変えることはできないのです。

また、「返事がもらえないと困ります」「早く返事をください！」などのストレートな催促はこちらのイライラが伝わってしまいますから、大人の対応とはいえません。あくまで事務的な確認メールを心がけてください。

その上で、たび重なる最終確認にもリアクションがなかった場合は、日程を確定するなど、船を出港させてしまって構いません。最終通告にも返事がないわけですから、あなたが気にする必要はないのです。

まずは〝最重要人物〟の日程調整から

ところが、この種の人々がその仕事やプロジェクトにおいて〝最重要人物〟である場合、話は別になります。なぜなら、その人がいなければ仕事が成り立たないわけですから、たとえ最終通告に返事がなかったとしても、船は出港できません。

こうした場合は、最初から〝最重要人物〟の予定ありきでスケジュールを組むということが必要になってきます。つまり「その人には日程確認の必要がない（最終通告しなくてよい）」という状況にしておくことがポイントです。ですから、あなたが仕事の日程を決める場合は、「この人は動かせない」という〝最重要人物〟の日程をおさえるところから始めてみましょう。

いずれにせよ、「最終確認ですが、〇日でよろしかったでしょうか?」という、いわゆる催促（確認）メールを出すこと自体は、失礼なことではありません。中には催促メールの段階になって、はじめて「そうそう！　この件はどうしようかな……」と動き出す人もいます。また、他の案件が重なっていてなかなか決定できない状態が続いているうちに返信を忘れていたなど、理由は様々あるのですから。

返信を得やすいメール文面

こうした場合、少々強めの文面にはなりますが、「出欠の確認ですが、○○さんが最後のお一人となりました。その後いかがでしょうか？」「場所取りの都合もあり、○日までにお返事いただけますと幸いです」など、決定事項をまじえた確認にすることで、相手の返信を得やすくなります。

それでも返信がない場合は、「お忙しいところたびたび申し訳ありませんが、例の件は○月△日で決定させていただきました。お返事が頂戴できない場合は、了解いただけたということで進行させていただければと思います」でＯＫです。

中には、飲み会などの出欠で「なるべく自分は数に入れないでいてほしい」という考えの人もいらっしゃいます。そのような人からすれば、日程が決まったというメールが来ると、逆に安心するのではないでしょうか。

くり返しますが、「会場を予約するのに、人数の確認が必要である」などの〝理由〟さえあれば、催促メールは少しも失礼ではありません。

相手のリアクションを得やすい文章で、ぜひとも返信を勝ち取ってくださいね。

大人の対応

・確認メールをたびたび入れる

↓「最終確認ですが、
○日でよろしかったでしょうか？」

・返信を得やすいメール文面を送る

↓「出欠の確認ですが、○○さんが最後のお一人となりました。その後いかがでしょうか？」
「場所取りの都合もあり、
○日までにお返事いただけますと幸いです」

・どうしても返信がない場合は、進めてしまう

↓「お忙しいところたびたび申し訳ありませんが、
例の件は○月△日で決定させていただきました。お返事が頂戴できない場合は、了解いただけたということで
進行させていただければと思います」

NGワード

「返事がもらえないと困ります」

「早く返事をください！」

17 責任を押し付けられる

後輩に頼んだはずの仕事が不完全なままで終わっていたために、仕事の混乱を招いてしまいました。ところが後輩は、上司に聞かれても「私は頼まれていません！」の一点張りです。

これではまるで、自分だけに責任があるように思われてしまう。こんなときの大人の対応とは？

メールの共有でミスを未然に防ぐ

このように、仕事上で「どちらに非があるか」というような論争になった場合、基本的には「自分の仕事の発注の仕方に問題があったんだろう」と考える方が無難でしょう。相手をいくら責めたところで、ミスを取り消すことはできません。

そもそも仕事を口頭で依頼するのはNGです。口頭で仕事をお願いした後、必ずメールで仕事の納期、簡単な内容などを残しておいてください。

その際、チームやプロジェクトのメンバーなり上司をCCに入れておき、情報を共有するというのがポイントです。そうしておけば、のちに「私は頼まれていません！」「いやいや、お願いしたよね？」などという、子どもじみた水掛け論に陥らずにすむでしょう。

私も大学では10人ほどの教授同士のつながりがありますが、たとえ二人にしか関与しない話題や予定であっても、すべて全員をCCに入れて連絡を取り合うようにしています。ですから、この10人の仲間の間には、秘密などありえません（笑）。

つまり、たとえ仲間うちであったとしても、業務に関することであればすべてCCメールでやり取りし、いわば〝共通認識の場〟を作っておくというわけです。これこそが、あらゆるミスや行き違いをなくす、もっとも効率のよい仕事のやり方ではないでしょうか。

また、外部とのやり取りであったとしても、上司をCCに入れておくことによって、対応のミスや抜けを防ぐことができます。情報というのは、とにかく共有しておくことが重要なのです。

文字は文明そのもの

ところで、注文や伝言というのは、たいていどこかで抜けがあるものだと、私は考えています。お店での注文でもそうですし、仕事の発注でも同じです。だからこそ、文字というものが存在するわけですね。

よろしければ、みなさんも四大文明を振り返ってみてください。エジプトでは象形文字、メソポタミアではくさび形文字というように、高度な文明の発展は文字とともにあったことがおわかりになるでしょう。

文明が起こり多くの人が集まれば、そこにコミュニケーションをとる必要が出てきます。そのためのツールが文字というわけです。私たちは、そのツールをおろそかにしてはいけません。仕事となればなおさらです。

もちろん仕事ですから、スピードが求められる場面も多いでしょう。ですから、口頭で仕事を発注した後、必ずメールで簡単な確認を入れるという流れを一つの〝ルーティン〟にしておくことがポイントです。

「今の件、簡単にメール入れておくからね」などと声をかけておけば、相手がメールを見逃すことも減るでしょうし、こちらとしても安心できます。

〝付箋〟は意外に使える

もしくは、メールを書くのがどうしても面倒である、スピードに見合わないという人は、文房具の〝付箋〟を大いに活用しましょう。口頭で伝えると同時に、ささっと付箋にメモを書いて渡すのです。

上司から渡された付箋を、すぐに捨てるような部下は少ないでしょう。その付箋をパソコンなど、常に目に入る場所に貼っておけば、未然に間違いを防げます。

あなたの職場にも、おそらく付箋が常備されているはずです。意外に便利なものですから、その存在価値を今一度見直して、ぜひ活用してみてください！

大人の対応

・「どちらに非があるか」論争はしない

↓（心の中で）「自分の仕事の発注の仕方に問題があったんだろう」

・口頭で仕事を発注した後、必ずメールで確認を入れる

↓「今の件、簡単にメール入れておくからね」

後で混乱しないためにも、文字にして証拠を残しておきましょう。

＼ NGワード ／

（「私は頼まれていません！」という相手に対し）

「いやいや、お願いしたよね？」

18 愚痴を聞かされる

あなたは、上司の愚痴に困惑しています。打ち合わせの後は相手の愚痴、社内会議の後は他部署の社員の愚痴、あるいは家庭の愚痴まで聞かされることも……。

「そうですか」と相槌を打つものの、愚痴を聞かされるたびに嫌気がさします。

愚痴を聞かされても、士気を下げない大人の対応とは？

大人は愚痴も受け流す

「そんな愚痴は家に帰ってから、もしくは飲み屋でやってほしい」と思うでしょうが、実は愚痴を聞くというのも、ある意味で人間関係の一部です。上司の愚痴をなんとなく聞きながら受け流すというのは、人間関係における一つのテクニックであるといえるかもしれません。

「あー、あの人の件ですね。また、何かやらかしましたか。話はどこまで行きましたっけ？」「奥さんがそんなことを言うんですか。いろいろ大変ですね」という具合に、適当に相槌を打ちながら、受け流してください。

この場合、決してやってはいけないことは、「いや、相手にも言い分があると思いますけどね」などと正論をかざすことです。なぜなら、上司は自分の愚痴に〝共感〟してもらいたいだけなのです。正論をかざそうものなら、「お前に説教される筋合いはない！」と、余計な摩擦を生むだけでしょう。

単なる〝感情共有タイム〟だと捉える

ちなみに、「そうですよねー、わかります」にとどまらず、相手の愚痴に乗っかって「それは損害賠償ものですね！」「そんな職場は辞めるべきです！」などと言ってみますと、たいていの人は「いやいや、そこまでじゃないんだけど……」というように逆に引いてしまうものです。なぜなら、実際はそこまで怒っているわけではなく、ただ誇張して吐き出してみたいだけというケースが多いからです。

ですから、相手の愚痴を止めたい場合は、このように逆に乗っかるというのも一つの手かもしれません。

そもそも、愚痴がまったくない人というのも、少し不自然だとは思いませんか？それぞれが言いたいことを、少なからず胸に秘めているものです。それを少しだけ吐き出して誰かに共感してもらい感情を共有するということは、それなりに意味のあることなのです。

ですから、愚痴というと「聞くだけ損」と思われる方も多いと思いますが、私などは単なる〝感情共有タイム〟程度にしか捉えていません。

「私にそんな愚痴を言われても困ります」などと言ってしまうのは、あまりに大人気ない発言ではないでしょうか？

大人のたしなみ〝共感力〟

要するに、どんな相手の愚痴にでも、それなりに対応できる八方美人的な〝共感力〟を持つことは、ある意味で、大人のたしなみといえるかもしれません。八方美人というと、どこかよくない響きのように思えますが、私は決して悪いことではないと考えています。

相手の言葉を、オウム返しのようにくり返すだけでも構いません。ちなみに、3分前に相手が発した言葉をくり返すだけで、「そうそう、よくわかるね！」「その通り！」などという反応を得ることが往々にしてあります。ポイントは、すぐにくり返すのではなく、少し時間をおいて3〜4分後くらいにくり返すということです。

ぜひ、あらゆる人の愚痴に対応できる〝共感力〟を身につけてください。そして、適当に受け流すというテクニックを磨いてくださいね。

大人の対応

・なんとなく聞きながら、受け流す

↓「あー、あの人の件ですね。
また、何かやらかしましたか。
話はどこまで行きましたっけ？」

↓「奥さんがそんなことを言うんですか。
いろいろ大変ですね」

↓「そうですよねー、わかります」

・相手の感情に乗っかる

↓「それは損害賠償ものですね！」
「そんな職場は辞めるべきです！」

NGワード

「いや、相手にも言い分があると思いますけどね」
「私にそんな愚痴を言われても困ります」

19 間違った言葉を使っている

部下が、めでたく昇進することになりました。クライアントとの打ち合わせの席でそのことを話していると、部下が言います。

「いやあ、自分には役不足ですよ」

部下は〝役不足〟の意味を間違えていることに気づいていません。

クライアントも苦笑しています……。

訂正した方がいいのか、
やり過ごした方がいいのか。
こんなときの、大人の対応とは？

「なるほど～というか～」方式

このように、自分の部下が明らかに言葉を間違っているような場合、上司であるあなたは、あからさまに注意するのではなく、「なるほど、〝役不足〟というか、〝力不足〟だよね」というように、それとなく相手が間違いに気づくようアシストしてあげるとよいでしょう。

要するに、自ら正解例を出してあげるのです。そうすることで部下は自分の間違いに気づくでしょうし、クライアントも「ああ、上司は部下の間違いに気づいているのだ」ということがわかります。

ポイントは、「なるほど」で意味が通じていること、共有できていることを伝えた上で、「というか」と修正することです。この言い方であれば、部下のプライドが大きく傷つくこともありませんし、会話上もスマートですね。

「目鼻が利きますね」と間違えたならば、「なるほど、〝目鼻が利く〟というか、〝目端が利く〟だよね」という一つの〝方式〟として、覚えておくとよいかもしれません。

言葉は変化するもの

昨今では、その場にいる7～8割方の人が言葉を誤用しているような場面に遭遇することもあります。こういう場合は、もしその誤用に気づいたとしても流す、というのも大人の対応です。

たとえば「憮然《ぶぜん》」という言葉がありますね。本来であれば、何かに失望・落胆していたり、意外なことに驚くことを表す語なのですが、〝ぶぜん〟という言葉の響きも影響してか、多くの人が腹を立てている様子を表す語として使っています。テレビやラジオのアナウンサーですら、そのような意味で使うことがあるほどです。

言葉の意味というのは、ある意味、時代や多数決で決まっていくようなところがあります。誤用が浸透して定着し、そのまま辞書に掲載されることも、ままあるほどです。

また、いちいち「それは日本語がおかしいよ」などと指摘していては角が立ちますし、雰囲気が悪くなってしまいますよね。

大人は臨機応変に対応する

したがって、言葉に関するクイズ番組でもない限りは、適当に流す方がよいでしょう。流してもいい間違いについては、〃なかったこと〃にして、修正しなければいけない場面では、自ら〃正解例を出す〃という対応がベストだと思います。上司の正解例を見た部下は、自然と間違いに気づき、正しい言葉遣いを覚えるでしょう。

ただし、部下の全般的な日本語力の向上を目指しては骨が折れますよね。ですから、明らかな間違いをしたような場合に限り、適宜、前述のような対処をすればいいと思います。

私は、大学の授業で学生が一生懸命発言しているような場合、仮に日本語が間違っていても、「そこ、間違っているよ」などと口を挟むことはありません。なぜなら、多少の言葉の誤用よりも、生徒の表現や熱量を大事にしたいと考えているからです。場合によっては、意味さえ伝わればいいとさえ考えています。

誰でも、せっかく自分が必死に伝えようと話している場面で、日本語の間違いをたびたび指摘されては、気持ちが萎えてしまいますよね。

相手の意を汲みつつ誤用は流し、必要であれば自ら正解例を出す……。そうフレキシブルに動いてこそ、大人の対応といえるのではないでしょうか？

大人の対応

・「なるほど〜というか〜」方式を使う

↓「なるほど、〝役不足〟というか、〝力不足〟だよね」

↓「なるほど、〝目鼻が利く〟というか、〝目端が利く〟だよね」

・無理に指摘しないで流す

話している人の熱意も、汲み取りましょう。

NGワード

「それは日本語がおかしいよ」

「そこ、間違っているよ」

20 打ち合わせが長引く

打ち合わせの時間が、予定していたよりも長引き、このままでは大幅に予定時間を超えてしまいそうです。
この後別の予定もあり、きちんと終わらせて次の打ち合わせに間に合わせたいのですが。

よくある、前の仕事がおす状況。
こんなとき、
スマートに対応するには？

大人は忖度を求めない

上司ですら、部下のスケジュールを細部までいちいち把握していませんよね。それが同僚や先方ともなれば、なおさらです。

つまり、打ち合わせの後にあなたに別の予定があるかどうかなど、誰も知らないわけです。そのために、長引く打ち合わせに焦ったり、急に「もう出なければなりません」と割って入ったりすることは、いささか幼稚だと思いませんか？

こういう場合は、周囲から「え、もう退席するの？」などと思われないように、その後に大事な予定があるならばあらかじめ「○時には別の打ち合わせが入っておりまして、△時には退席させていただきます」と伝えておくことが必要になります。

たしかに、日本人は終了時間を曖昧にしたまま打ち合わせを行うことが多いかもしれませんね。しかし、事前に「△時には退席する」という旨を伝えておくことで、「じゃあ、この打ち合わせは△時までに終わらせよう」などという流れにつながることもあるでしょう。

いずれにせよ、こちらが言い出さなければわからないことですから、打ち合わせ中にイライラしたり、忖度を求めたりするのではなく、きちんと自分から伝えるようにしてください。

嫌味なく〝きっかけ〟を作る

それでも、事前に退席する時刻を言う場がなかった、すぐに終わると言っていた会議が予定通りになかなか終わらない、などということもあるでしょう。そういう場合に地味に効力を発するのが、時計のチラ見です。ただし、あくまで嫌味にならない程度のチラ見です。

気づいた相手が、「どうしました?」などと話しかけてきたらチャンス!「すみません、○時に別の予定が入っておりまして……」「ちょっと、すみません、トイレに行かせてもらってもいいですか？」「電話、一本かけてきてもよろしいですか？」……。つまり、一区切りをつける〝きっかけ〟のためのアクションを起こすのです。

たとえば、トイレに行くという行為は、それだけで相手に「かなり長い時間が経過している」ということを喚起させます。ですから、トイレに行きたいという人が出てきた時点で、誰かしらが「じゃあ、そろそろ○○の方向ということで」などと、会議を切り上げる可能性もありえます。

また、中座して電話をかけてきた場合、相手が「電話、大丈夫でしたか？」などと声をかけてきたら、「大丈夫なのですが、もう一度連絡を入れるので、30分後には退席させていただきます」と返すことで、自ら退席する〝きっかけ〟を作っておくのです。

大人は〝場の流れを変える〟

ちなみに、最近はみなさんスマホで仕事のメールをチェックしますよね。

打ち合わせの途中でも、頻繁にスマホでメールチェックをしている人がいれば、周囲も「時間、大丈夫？」などということになります。もちろん私用のＬＩＮＥをしている人はいないでしょうから（笑）、「そうですね、申し訳ありませんがちょっとメールを一本返さなくてはいけなくて……」などと言えば、「じゃあ、打ち合わせはこのあたりで」「○○さんは、先に出ていいよ」となる場合もあります。

つまり、長引く打ち合わせを憂うだけでなく、自ら〝場の流れを変える〟ことがポイントなのです。

ただ焦るのではなく、自分だったらどう〝場の流れを変える〟ことができるかを考え、実際に行動に移してこそ、大人の対応だといえるでしょう。

大人の対応

・あらかじめ、自分の予定を伝えておく

↓「○時には別の打ち合わせが入っておりまして、△時には退席させていただきます」

・嫌味なく〝きっかけ〟を作る

↓「ちょっと、すみません、トイレに行かせてもらってもいいですか？」

「電話、一本かけてきてもよろしいですか？」

NGワード

(急に)「もう出なければなりません」

21 管轄外の仕事を押し付けられた

本来なら他部署がやるべき仕事を、忙しいという理由で「そっちでやってくれる？」と押し付けられてしまいました。こちらも決して暇ではないのですが。

仕事の線引きはしないほうがよいとわかっていますが、どうも納得できない。そんな場合の、大人の対応とは？

理由は〝3つ〟が鉄則

まずは、仕事を押し付けられたときに「絶対に断る」と決めている場合の対応についてご説明しましょう。あなたは自分の仕事だけで〝手いっぱい〟です。いえ、〝いっぱいいっぱい〟の状態を超えて溢れ、すでに決壊してしまっている……。そんな状況だとしましょう（笑）。この場合、こちらが「決して暇ではない」ということを、きちんと相手に伝えなければいけません。

ポイントは、忙しいとされる要素を〝3つ〟挙げることです。なぜなら、人は3つの事柄が合わさると「多い」と感じるからです。したがって、「今、○○プロジェクトが佳境に入っておりまして、さらに△の役職が多忙を極めているんです。それにプラスして○○の実行委員も任されていて……」と説明すれば、あちらも「かなりお忙しそうですね。別の人に聞いてみます」と引き下がることでしょう。

ただ漠然と、「あれこれと忙しくて……」「いろいろとありまして……」ではいけません。それでは相手も「みんな、いろいろありますけど?」ということになってしまいます。ですから、どれだけ具体的に伝えるかがポイントなのです。具体的な理由を〝3つ〟挙げることで、きちんと相手を納得させるようにしてください。

「理由」がいかに大切か?

以前、仕事仲間の一人が、まるで人が違ったかのように感じられる時期がありました。仕事の効率はみるみる落ち、とにかく覇気がありませんでした。これは、私だけでなく、仲間たちがみんなそのように感じていたようです。

すると、一ヶ月ほど経った頃でしょうか。覇気のないその当人が、急にこう語り始めたのです。

「実は少し前に母親が大病で倒れてね、毎日病院通いだよ。父親も一人じゃ何もできないもんだから、実家にも通って両親二人の面倒を見ていたんだ……。おまけに自分は離婚騒動とくるじゃないか。もう、てんてこ舞いだよ」

私たちは驚き、みんなが口を揃えて「おいおい。早く言えよ！」「そうと知っていたら協力できることがあったかもしれないのに！」と言いました。

つまり、仕事が差し支える「理由」、新規の仕事を受けられない「理由」こそがすべてです。私の仕事仲間のように、「みんなに迷惑がかかりそうで言いたくなかった」という気持ちもわかりますが、「理由」によっては周囲がフォローできることもあるはずです。言わないことが、かえって周りに迷惑をかける場合もあるので、話せる範囲できちんと話すようにしてください。

スケジュールやクオリティを調整する

また、「今月は仕事が立て込んでいるのですが、来月になれば受けられます」といった対応も考えられるでしょう。あるいは、「今月いっぱいであればなんとか対応できるのですが、来月からは繁忙期に入るので動けません」というケースもあるかもしれません。

これは、スケジュールだけでなく、仕事の量やクオリティについても応用することができます。

「どうにか、この範囲までなら、今月中に終わらせることができそうです」「ざっくりと企画案をまとめる程度であれば、一週間ほどでできるかもしれません」などのフレキシブルな提案ができれば、あなたの誠意が相手に伝わりますから、決して重苦しい雰囲気になることはないでしょう。

それどころか、実際の仕事量がさほど多くなかったとしても、相手には「あのとき、忙しくても、部分的に仕事を受けてもらった」という恩義の感覚が残ります。つまり、相手からの印象がグッとよくなるというわけです。

要するに、少しでも協力しようとする〝姿勢〟と〝気持ち〟を見せるか否かということが、大切なのです。

真心の感じられる「ギブアンドテイク」

ここで覚えていてほしいのは、管轄外の仕事というものが、決して損になるばかりではないということです。

いわゆる〝バーター〟という言葉がありますね。テレビなどでよく聞く言葉ですが、決してエンタメ業界に限った言葉ではありません。

これは「先日、あの急な仕事を受けてもらいましたから、今度はこちらがやります」といった具合に、融通を利かせて円滑なコミュニケーションにつなげることをいいます。広い意味でいえば、いわゆる交渉条件のようなものでしょうか。

あるいは、恩義を返すばかりではなく、「いつかお世話になることもあるでしょうから、今回は私が担当します」といったように〝バーターの先行予約〟をするケースもあるでしょう。

要するに、「ギブアンドテイク」というわけです。

みなさんは、「気はこころ」という言葉をご存じでしょうか？　これは、ほんのわずかな量でも真心が感じられることをいいます。

「ギブアンドテイク」というと、いかにも割り切った関係性のように思う方もいらっしゃるかと思いますが、その「ギブアンドテイク」においても、人間としての真心が感じられるような関係性を築きたいものです。また、そのような関係性を築いてこそ、大人の仕事といえるのではないでしょうか？

みなさんも、ぜひ「気はこころ」という言葉を忘れないようにしてくださいね。

大人の対応

・断る理由を、具体的に〝3つ〟挙げる

↓「今、○○プロジェクトが佳境に入っておりまして、さらに△の役職が多忙を極めているんです。それにプラスして○○の実行委員も任されていて……」

・スケジュールやクオリティを調整する

↓「今月は仕事が立て込んでいるのですが、来月になれば受けられます」

↓「今月いっぱいであればなんとか対応できるのですが、来月からは繁忙期に入るので動けません」

↓「ざっくりと企画案をまとめる程度であれば、一週間ほどでできるかもしれません」

・真心の感じられる「ギブアンドテイク」

↓「先日、あの急な仕事を受けてもらいましたから、今度はこちらがやります」

NGワード

「あれこれと忙しくて……」

「いろいろとありまして……」

column 3

大人はあらゆるものから学ぶ

みなさん、『闇金ウシジマくん』という漫画をご存じですか？　私はこの漫画が好きで、映像作品も鑑賞しています。よい意味で、あれほど人を嫌な気分にさせる漫画はありません（笑）。映像で主演を務められた山田孝之さんにも「素晴らしかったです！」と、直接感動をお伝えしたほど。この作品のおかげで、あらためてお金の怖さが骨身にしみました。

以前、様々な理由で人生を転落した芸能人をゲストに迎える『しくじり先生』というテレビ番組がありました。私はこの番組のファンで、特に、ゲストがとりわけひどい目にあうような回は録画して鍵をかけておき、ことあるごとに見返しては「お金は怖い！」「他人を容易に信頼してはいけない！」と肝に銘じる、よい〝機会〟にしたものです（笑）。

テレビや漫画を、ゆめゆめ馬鹿にすることなかれ。「くだらない」と吐き捨てるのは、もったいない行為だとは思いませんか？

22

先輩のおしゃべりで、仕事が進まない

今月中にやらなければいけない仕事を急ぎで進めているところに、隣の部署の先輩が話しかけてきました。聞けば仕事の要件ではなく、ただの雑談です。ところが、先輩の話は長くなりそうで……。

先輩に失礼な態度をとらず、仕事も中断したくない。こんなときの、大人の対応とは？

あらかじめ〝相槌を用意しておく〟

かなりの雑談力をお持ちの先輩のようですね（笑）。

しかし、大切な仕事が進まないようではいけません。したがって、このような場合におすすめしたいのは、ずばり〝先輩用の相槌を用意しておく〟ことです。

さすがに相槌が一つだと「舐めているのか！」ということになりかねませんから、できれば3〜4種類を使いわけ、適宜、組み合わせていただければと思います。

その際、基本的に上の空で構いませんが、なんとなくでもいいので話の〝トーン〟だけは聞き分けるようにしてください。つまり、誰かに対する不満のような〝トーン〟であれば「それはないですよねー」。自分の自慢話をしているような〝トーン〟であれば「さすがですね」といった具合です。

どうぞ、あなたの脳の〝2割程度〟を使って対応してみてください。たとえ話を聞き漏らしたとしても、雑談ですから大した問題にはなりません。

無駄なおしゃべりを止める方法

そして、よいタイミングで「そういえば、あの話はどうなってましたっけ？」「ゴルフといえば、あの選手はすごかったですね」などというように、わざと別の話題を持ちかけてみましょう。雑談力の高い先輩のことです。最初のうちはペラペラと話し続けるでしょうが、次第に自分から話がずれていきますと、人間というのはつまらなくなったり、面倒になってきたりするものです（笑）。ですから、無駄なおしゃべりもストップすることでしょう。

以前、私がコメンテーターとして出演したテレビ番組で、本筋の話題から急に「〇〇といえば……」で話を切り替えるという、お笑いのネタのようなものをやったことがあります。たとえば、「美声の芸能人」をテーマに話していたときに、私は「声といえば、実は私、『声に出して読みたい日本語』（草思社）という本を出してましてて……」と、著書の話に転換させていきました。これは、「なぜ急にその話題になるんだ！」という突拍子もない切り返しを楽しむものですが、この「○○といえば……」方式を使いますと、たいていの相手は二の句が継げなくなるものです。

この「○○といえば……」方式を使って、ぜひ、無駄なおしゃべりから解放されてください。

喋りかけられない〝雰囲気〟を出す

さて、もう一つの案として、そもそも喋りかけられないような〝雰囲気〟を出すというものがあります。つまり、〝今、自分は仕事に没頭している〟というモードを作り出すのです。たとえば、「あ、なんとなく喋りかけられそうだ」と感じたら、すぐさまパソコンに顔を近づけてキーボードを叩く速度を速くしたり、小さく「あ〜」とため息をもらしてみてください（笑）。

こうすることで、あからさまに会話を拒絶するというわけでもなく、相手のおしゃべりをかわすことができるでしょう。

あるいは、これは許される環境下に限定されますが、集中モードを表現するための〝片耳イヤホン〟もおすすめです。これが両耳だと完全な拒絶になってしまいますが、片耳を空けておくことによって「少しは聞いている」「聞く余地がある」という表現になります。

また、手帳も使えます。自分の手帳を見て個人的なメモをとりながら話を聞いていれば、相手も「自分の雑談はその程度」だと察することができるからです。

大人の仕事は途切れない

基本的に、おしゃべりな人というのは、総じて自分の話がしたいわけです。ですから、これを逆手にとって、「そういえば私もですね」「あ、私もこの間……」など、先ほどご紹介した「○○といえば……」方式で自分の話題をプラスすることにより、高確率で相手の口をふさぐことができるでしょう。

しかし、大人というものは、〝一つのことしかできない〟ようではいけません。「ちょっと、私は仕事に集中したいの。みんな黙って！」などと怒り出す人がたまにいますが、なんとも幼稚だと思いませんか？　多少の雑音に慣れるためには、カフェなどで仕事をするのもおすすめです。私は大学時代からずっとカフェで勉強をしてきましたから、多少の雑音で仕事が途切れるようなことはありません。

一つのことしかできないのが子ども、複数のことを並行して行えるのが大人です。つまり、少々のおしゃべりをしていても仕事を進めることができてこそ大人、という大きな度量も必要なわけです。「周りがうるさくて」「子どもがいたから」など、すべて言い訳です。みなさんは、どんな邪魔が入ろうと、自分のすべきことを淡々と行ってくださいね。

大人は言い訳をしない

言い換えると、自分が精神集中する状況を周りに求めないのが大人ということです。切羽詰まった人には、そもそも大人のイメージがないですよね。

私の大学時代の友人には、いまや大企業の重要な役職についている人が多くいますが、彼らと会うたびに、その能力の高さ、大人の対応力に驚かされています。

なぜなら、酒を飲み歓談しているときに仕事の大切な連絡が入ったとしても、スマホで即座に返信。決して雑談の雰囲気を壊しません。また、こちらが想像できないほど仕事が忙しいはずにもかかわらず、プライベートな飲み会の日付や場所決めなどもスムーズに行いますし、それ自体を笑顔で楽しんでいるのです。

彼らの段取りのよさや、余裕のある雰囲気には感服します。まさに、これぞ大人！　というイメージでしょうか。

ちなみに、あのアインシュタインは、乳母車を揺らしながら仕事のメモをとっていたといいます。そう考えますと、先輩の雑談程度には、少々つき合ってみてもよろしいのではないでしょうか（笑）。

大人の対応

・相槌を用意しておく

↓「それはないですよねー」「さすがですね」

・別の話題を持ち掛けてみる

↓「そういえば、あの話はどうなってましたっけ？」

↓「○○といえば……」

・自分の話題をプラスする

↓「そういえば私もですね」

「あ、私もこの間……」

大人は、複数のことを並行して行えるもの。淡々とやるべきことを進めましょう。

NGワード

「ちょっと、私は仕事に集中したいの。みんな黙って！」

23 言うことが変わる人に振り回される

仕事で、意見がコロコロと変わる人につい振り回されてしまいます。右往左往してしまうのですが、どう対処していいのかわかりません。

こんなとき、こちらも臨機応変に対応するには？

いわゆる〝よくあること〟

たとえ、相手の言うことがコロコロ変わったとしても、「以前はこのように仰っていましたが？」などという言い方は角が立ちますね。この場合に重要なのは、とにかく現状の〝確認〟です。

会議中など、重要なことはメモをとります。それと同じように、相手が言っていることをメモしながら「そうですか、今仰っているのはAのパターンということですよね。了解です。ただ、前回、Bのパターンでお話をさせていただいたような気がするのですが……」と〝確認〟とあわせてソフトに言ってみてください。

この際、決して「以前、Bのパターンだと仰っていましたよね？」と詰め寄ってはいけません。物事というのは、ときや状況が変われば発想や判断も変わるものです。むしろ、リーダーシップをとる人の特性といえるかもしれません。ですから、以前と違っているということを、ことさらに責めるようでは、できる大人とはいえないでしょう。いわゆる〝よくあること〟なのですから。

私自身、「これ、以前の打ち合わせで先生が仰っていたのですが……」と言われ「そんなこと言った!?」とハッとする場面も多々あります（笑）。

「朝令暮改《ちょうれいぼかい》」は悪くない？

「朝令暮改」という言葉があります。朝に言ったこと、命令されたことが、夜にはすでに変わっている。つまり方針などがコロコロと変わることを意味する言葉で、基本的にはあまりよくない意味合いで使われます。

しかし、私は「朝令暮改力」と名付けるほどに、これを重要視しています。なぜなら現代は、とにかくスピードが命です。ですから「昨日はこう言ったけれども、今朝には状況が変わってしまった。だから方針を変える」という場面が多々あるわけですね。つまり、コロコロと考えや意見が変わるということ、よく言えば臨機応変さが、逆に求められるのです。

したがって、「なんでコロコロ意見が変わるのか？」と指摘された場合には、きちんと理由さえ述べればよいのです。このケースのように周囲をイラつかせているということは〝理由がうまく伝えられていない〟ということが主たる原因のはずです。たしかに、言っていることがAになり、すぐにBになり、あっという間にCになるようでは、周囲がイラつくのも仕方ありません。

ですから、もし言葉でうまく伝えられないということであれば、その経緯をまとめたプリントを作ってもいいですし、その場でパソコンに打ち込んでもいいでしょう。つまり、自分の思っていること、それに対する相手の意見などを、話しながらメモするのです。「いつ、誰が、このようなことを言った」というメモさえ残しておけば、経緯がわかりますから意見を共有しやすくなります。

大人は他人を変えようとしない

ポイントは、「あなたが○○と仰ったんですよ」というように〝相手を主語にしない〟ということです。これでは雰囲気が悪くなるのも仕方ありません。そうではなく、「私は、先日このように聞いたような気がするのですけど、聞き違い、思い込みでしたらすみません」というような言い方をしてください。

大人の対応の基本の一つに、「他人を変えることはできない、変えようとしない」というものがあります。この場合も、コロコロと意見が変わる人を、変わらない人に育て上げようなどというのは、土台無理な話です。人はそれぞれ弱点を持っていますし、先ほど述べたように、意見の変わることが一概に悪いとも言い切れません。

くり返しますが、現代のビジネスシーンで求められるのはスピードです。コロコロと、意見を変えざるをえない場面があるのです。

いずれにせよ、相手の意見が変わることで迷惑を受けるようであれば、その人が言ったことを、すぐにメールにまとめておくなど、文書にして残すことを心がけてください。加えて、あくまで「あなたが○○と言っていたから」という、責任を押し付けるような言い方だけは、避けてくださいね。

大人の対応

・よくあることだと思う

・メモをとりながら確認する

↓「そうですか、今仰っているのは
Aのパターンということですよね。
了解です。ただ、前回、Bのパターンで
お話をさせていただいたような
気がするのですが……」

・他人を変えようとしない

↓「私は、先日このように聞いたような気が
するのですけど、聞き違い、
思い込みでしたらすみません」

NGワード

「以前、Bのパターンだと仰っていましたよね？」
「あなたが○○と仰ったんですよ」

24 部下から強めに反論された

部下に仕事を頼んだところ、「今できません」「他の人に頼んでもらえますか？」と、強く反論されてしまいました。
不満でいっぱいのようですが、こちらとしても困ってしまいます。

最近よく見られる、新世代への対応とは？

〝強め〟の言葉を逆手にとるテクニック

上司からすれば、イラッとする場面の一つですね。「できません」「今、無理っす」「私がしないといけませんか?」……。様々な反論があるかもしれませんが、いかなる場面においても上司や先輩であるあなたは、イラッとした表情を見せてはいけません。そして、こんな言葉を投げかけてみてはいかがでしょう?

「なるほど、〝できません〟かぁ……」「そうか、〝今、無理っす〟かぁ……」。いずれも最後の「かぁ……」を強調しつつ、しみじみ言うのがポイントです。

つまり、余裕のある風情で「なるほど」「そうか」と一度納得した後に、部下の言った〝強め〟の言葉を反復してみせるのです。なぜならビジネスシーンにおいて、「できません」「無理です」などの強めの言葉は、テンパっているという〝おかしさ〟を伴うものです。それを逆手にとって、部下にそれとなく伝えるのです。

この手法は、相手を傷つけることなく自分がイラッとしたぶんの、いわば〝腹いせ〟をすることもできます（笑）。なぜなら、あなたは相手の言葉をくり返しただけなのですから。相手の口調を、それとなく真似するのもいいかもしれません。

大人はケチをつけない

ここで覚えていてほしいのは、部下の口調を咎めたり改めたりしてはいけない、ということです。なぜなら人間関係を〝壊す〟のは、「その言い方はなんだ！」と、相手の言い方にケチをつけることだからです。

私は以前、50歳をゆうに超えた紳士二人が「その言い方はなんだ！」「君こそ、その言い方はなんだ！」と怒鳴りあっている場面に遭遇したことがあります。それは、見ているこちらが恥ずかしくなってしまうほど、幼稚な光景でした……。

つまり、自分に対して向けられた言葉を注意するということは、感情的になっている証拠です。「この人、イラッとしているんだ」と思われるだけなのです。

ですから、部下の口調にイラッとしたのであれば、先ほどご提案したプチ〝腹いせ〟をしつつ、部下を採用した人物に物申すようにしてください。

もちろん、クライアントや自分以外の上司に対する口調が悪かった場合には、それなりの対処をしなければいけません。その場合も「その言い方だと誤解を招く可能性があるから、こういう風に言った方がいいかもね」など、やわらかくアドバイスするとよいでしょう。そう対処することで、部下に「上司は親切心で言ってくれているんだ」と受け取ってもらえるはずです。

「one of the 業務」

これが、仕事の内容に関するイラつきであれば、話はまた別です。部下に断られてはプロジェクトが進まないなど、様々なケースがあるでしょうから、こういう場合は〝交渉〟に持ち込んでください。

この場合も、決して「これも業務の一つなんだ！」などと怒ってはいけません。

もちろん業務命令に違いはありませんが、これでは命令の色合いが濃すぎるため、いかにも〝俺は上司だぞ〟という嫌味があります。したがって、このような言い方ではいかがでしょう？

「いやさ、△プロジェクトがこの段階まで進んでいるんだけれど、君にここを担当してもらわないと、次の部署にまわせないんだよね。僕は今◇業務を担当しているから、どうしても君の力が必要なんだ。ここは一つ、〝one of the 業務〟ということで、どうにか受けていただきたい！」

こういう砕けた言い方をすれば、部下も思わず「〝one of the 業務〟ってなんですか（笑）」と吹き出し、やわらかい雰囲気になるでしょう。さらに、〝業務〟であることも伝えていますから、部下としては仕事を断りづらくなるわけです。

もしくは、「〝段取り上〟ここは君にお願いしたいんだ」という〝段取り上〟という言葉もおすすめです。要するに、部下に頼んだ仕事が抜けると、全体的に滞ってしまうという図式を説明するわけです。また、「このままだと納期に間に合わない……」というように、時間的な余裕のなさをアピールしてもいいでしょう。

つまり、暗に「君は、全体に支障をきたしてまで、この仕事を断るのか？」という意味合いを含ませるのです。仕事を断ることで起こりうる支障を知らせて、それでも断られるようであれば、今後の仕事の分配に気をつけるしかないですね。

ポイントは〝フェアであること〟

それでも断られたり、渋られたり。そういう場合には「では、どの程度であれば受けてもらえるか?」という、さらに具体的な交渉に入りましょう。

「そうか、たしかに全部は厳しい状況だよね。なるほど。では、どのくらいの分量であれば、◯日までに可能かな? もしくは、この業務が厳しそうであれば△の仕事なら担当してもらえる? △でも無理そうなら◇を担当してもらえるだけでも助かるんだよね」と、分量や仕事内容を部下に選ばせるようにしてください。

「本当はこの業務のうち5つお願いできたら嬉しいんだけど、うーん、3つでもいい。どうかな?」というお願いの仕方もいいでしょう。

仕事を割り振る際にポイントとなるのは、公平感です。つまり、その場にいる全員に一つずつ仕事を分けるとなれば、その一つを断る人はいませんね。それだけ〝フェアである〟ということが人の心を動かす大切なポイントになるわけです。

したがって、仕事をお願いするときに「Aさんには、例の○の業務を頼んでいて、Bくんには△を任せているんだ。だから、君にもこの仕事を受けてほしい」という言い方をすれば、多くの人が納得することでしょう。とにかく、いかに仕事を「公平公正」に進めているか、またその評価をしているか、という部分をアピールするようにしてください。

「今の若者は理解できない！」「最近の若者は生意気だ！」と怒り嘆く上司の方は、ご自身の若い頃を思い出してください。今の若者の口調がタメ口なのは、単純に〝クセ〟であったり、距離を縮めようと〝わざと〟そうしている場合もあります。

若者を見続けて30年、信頼と実績の我が齋藤総合研究所によりますと（笑）、そもそも生意気な若者自体がぐっと減ってきています。

ですから部下の口調には鷹揚《おうよう》に構え、「仕事さえしてくれたらいい」そんな気持ちで大人の対応をしてくださいね。

大人の対応

・"強め"の言葉を逆手にとる

↓「なるほど、"できません"かぁ……」

「そうか、"今、無理っす"かぁ……」

・"one of the 業務"で交渉に持ち込む

↓「どうしても君の力が必要なんだ。

ここは一つ、"one of the 業務"ということで、どうにか受けていただきたい！」

・フェアであることをアピールする

↓「Aさんには、例の○の業務を頼んでいて、Bくんには△を任せているんだ。

だから、君にもこの仕事を受けてほしい」

NGワード

「その言い方はなんだ！」

25 部下が仕事を期日内に終わらせなかった

一週間前から部下に頼んでいた仕事があります。
十分な時間をとったつもりですが、いよいよ明日が期日という段階になって、「間に合いそうもない」と申告してきました。

こんなとき、落胆せず感情的にならない大人の対応とは？

〝叱る〟のではなく〝気づかせる〟

こういう場面で、「お前は何をやっているんだ！」「仕事になっていないじゃないか！」などと叱るのは、大人の対応とはいえません。なぜなら、このような言葉を浴びせたところで、部下には「嫌なことを言われてしまった」という印象しか残らないからです。みなさんは、〝叱る〟という行為がすでに時代遅れの対応であることを覚えておいてください。現代においては〝気づかせる〟ことが基本です。部下が自ら気づき、反省するよう促すのです。

そのために重要なのは〝リコンファーム（確認）〟です。いかにも仕事が危うげな人に納期前日に確認をしたところで、意味がありません。少なくとも期限二〜三日前には「あの件、今どのくらい進んでいる？」と声をかけましょう。万が一、その返事が「そうですね、二割くらいでしょうか」ということなら、すでに期日内に終わる見込みはないわけです（笑）。その場合も、決して部下を責めてはいけません。責めるのではなく、「そうか、この5日間で二割ってことは、明後日の期日に終わるかな……。ペース配分はどんな感じ?」と話してみてください。

期日内に業務を終わらせるには?

ちなみに、大学の卒業論文でも、仕事上の声がけにも似た〝確認〟の機会を設けるシステムになっています。長い時間をかけて書く論文ですから、一年くらい前からそのペース配分と進捗について適宜〝確認〟しつつ、学生に進めてもらいます。が、実際に思いがけないことが起こるものです。「え、まだ資料収集の段階なの?」「そもそも、集める資料が的を射ていないように感じるんだけれど」……。

つまり、きちんと期日内に業務なり論文を終わらせる人物を育成するためには、事前のリコンファームこそがすべてです。考えてもみてください。飛行機の搭乗などですら、数日前には連絡が入りますよね。いわんや未熟な学生、部下においてをや、といったところでしょう。

ちなみに、こちらが進捗を聞いても「いえ、大丈夫です」としか言わない人がいますが、そういう人こそ「大丈夫」でない可能性が高いので注意が必要です。全体の何パーセントまで進んでいるのか、こちらが具体的な進捗を把握できるように、「大丈夫ならよかった。ただ念のために、現時点での具体的な進み具合を、メールしておいてくれる？」などと、フォローするようにしてください。

部下のタイプを見極める

そもそも、期日内に仕事を終わらせられる部下であるかどうかは、上司であるあなたが事前に判断しておかなければいけません。不思議なもので、私の経験からしても、納期に仕上げるような人は〝いかなるときも〟納期に仕上げてくるものです。対して、納期に間に合わない人というのは、多くのケースでやはり間に合わないものです。実はこの傾向、小学生くらいの時点ですでにわかっていることでもあります。

私もだらしないところがありますが、どうにか期日には間に合わせる方でした。つまり、夏休みの宿題を8月31日に徹夜で仕上げて、どうにか9月1日に間に合わせる子どもだったのです。1日で一ヶ月以上の天気をすべて書き込むのは非常に大変でしたが（笑）。しかし、間に合わせるだけマシな方かもしれません。

ちなみに〝学歴〟というものは、この地道な積み重ねによるものです。小学生の夏休みの宿題が中間試験になり、期末試験になり、受験につながっていく。期日までにしっかりと準備をすることができるかが、試験の点数や結果に表れます。したがって、人の〝学歴〟というものは、よし悪しではなく、その人が期日に間に合わせてきたかどうか、という歴史の結果とも考えられるわけですね。

いずれにせよ、上司であるあなたは部下が仕事を終わらせないことを嘆く前に、第一に、その部下が納期に間に合わせるタイプの人間かどうか見極めておくことです。第二に、リコンファームを怠らず、納期の前から確認作業を続けてください。途中経過を聞かないようであれば、上司側にも問題があるといえるでしょう。

上司が部下のペースメーカーになる

それでも期日に終えることができない部下であれば、そもそもデッドラインで仕事を発注しない、ということが必要になってきます。仕事がデッドラインに間に合わないということは、文字通り〝死〟を意味します。仕事に〝死〟をもたらすような部下の場合、納期をあらかじめ一週間前くらいに設定しましょう。そうしておけば、いざ期日に間に合いそうにない場合にも「そうか。じゃあ、明後日までにになら仕上げられる？」という交渉ができます。

遅れそうな人には、あらかじめ遅れることを想定した対応をする。これこそが、大人の対応といえるでしょう。「じゃあ、今7割は進んでいるね」と、上司が部下のペースメーカーになるわけです。たとえば、プロのテニスプレイヤーにもコーチがいて、「今80％だ、あと20％頑張ろう！」というようなやり取りをします。これはビジネスシーンにおいても同じです。

「子どもじゃないんだから、ペースくらい自分で確認してほしい」という気持ちもわかりますが、確実性を高めるためにはペースメーカーの存在が必要です。

進捗メールはメリットだらけ

そもそも部下のスケジュール管理は、上司であるあなたにとって、重要な役割の一つです。たとえば、あなたが毎日の進捗を仕事終わりにメールで報告するよう促したところで、部下たちはそれほど嫌な気持ちにはならないはずですし、それが一つの目標や励みになるケースがあるかもしれません。

ペースメーカーというのは、家庭教師のような存在です。教師であるあなたに褒められるため、認めてもらうため、部下はメールを作成することでしょう。それでも毎日は鬱陶しいでしょうから、三日に一度程度の進捗メールがおすすめです。これは、上司が部下の進捗状況を把握するという目的のみだけでなく、部下が進捗メールを目安に仕事を進めることができる、というメリットもあります。

大人の対応

・リコンファーム（確認）をする

↓（事前に）「あの件、今どのくらい進んでいる？」

・進捗メールを促す

↓「念のために、現時点での具体的な進み具合を、メールしておいてくれる？」

・上司が部下のペースメーカーになる

↓「そうか。じゃあ、明後日までになら仕上げられる？」

すべては仕事を建設的に運ぶためです。

NGワード

「お前は何をやっているんだ！」

「仕事になっていないじゃないか！」

26 上司がミスを自分のせいにした

上司に指示された仕事をしたところ、その件で先方を怒らせてしまいました。上司は、それを自分（私）のミスということにして先方に謝っています。理不尽で、モヤモヤします。

道理に合わない。
こんなときの心の持ち方、
対応とは？

「なるほど、これが上司か！」

最初に申し上げておきましょう。そもそも、上司というものは自分のミスを認めない存在です。少し広げて考えますと、人というものは誰しも自分のミスを認めたがらないものなのです。三段論法ではありませんが、要するにただの人である上司はなかなか自分のミスを認めたくない、ということです。加えて、人というのは保身をしなければ生きていけません。上司ともなれば、なおさらです。

さらに、会社の中で権力を持つ上司は、いかようにでも発言できる立場にあります。したがって、いわゆる権力の悪用とまではいえませんが、このようなことは多々あることだ、むしろ当たり前だということをご理解いただけるでしょうか？権力の悪用とまではいえないと申し上げたのは、あくまで、ごくごく一般的なことだからです。あまりに〝普通〟の権力の用法にすぎません。

ですから、あなたがこのような場面に遭遇した際には、「なんだか腑に落ちないなあ」ではなく、「なるほど、これが上司か！」と捉えるようにしてください。「おっと、ミスを部下のせいにするのか。さすが上司、キター！」といった具合です。

謝罪という〝パフォーマンス〟

みなさんは、トカゲの尻尾切りという言葉をご存じですか？　不祥事が露見した際に、部下に責任を負わせて上司が失態から逃れることをいいます。トカゲは自ら尻尾を切って外敵から逃れることがあり、そこから着想を得た言葉です。

上司が自分のミスを押し付けて先方に謝るというのは、まさにこのトカゲの尻尾切りという〝パフォーマンス〟を行っていると理解してください。自分は叱られ役、上司は叱り役です。これが反対ならば、どうなるでしょうか？　あなたが「私のミスではありませんよ」などと上司に楯突こうものなら、観客であるクライアントが納得しません。要するに、単純に謝るという芝居だけでは足りないわけです。謝罪に「本当にすみません、きちんと注意しておきます！」という小芝居をプラスすることで、初めて〝パフォーマンス〟として成立します。

良識ある上司であれば、謝罪の帰りに「ごめんな、おさまりが悪くて。飯でも奢るよ」などと言ってくれるかもしれません。しかし、謝るどころか自分のミスであることすら認識していない、あげくは忘れてしまっているような上司も存在します。その場合も、あなたは「なるほど、人というものはこういうものだよな。権力ってこういうことだよな……」と、一つ腹におさめてやってください。

ただし、あなたが上司になったときに謝罪のできる上司になるか、それともこれくらいの権力行使で謝る必要はないという上司になるか……。それはあなた次第です。

清水の次郎長＝ビートたけしさん？

要するに、クライアントに謝罪をする際には、会社組織の中で誰かが被害を負う必要が出てきます。ずばり、それは部下のあなたである確率が高いわけです。

将棋でいえば、歩の駒というところでしょうか。それでも、あなたが歩の駒である役割を負うことも、給料のうちであると考えるようにしてください。

あの清水の次郎長は、「（親分である）あなたのために死ねる子分は、一体どれくらいいるんだい？」と聞かれると、「そんなことはわからない。ただし、あっしは子分のためならいつでも死ぬ覚悟でいます」と言ったそうです。

私はこの話を思い出すたび、ビートたけしさんが頭に浮かびます。なぜなら、たけしさんは軍団の方々に驚くほどお優しいからです。どうしてそんなに優しいのかと聞けば、「いつも世話になっているから」と……。

私はその男気といいますか、リーダーとしての器の大きさに感服したものですが、このようなリーダー・上司というのは、極めて稀な存在です（笑）。ですから、上司が自分のミスを謝るような人物であれば大ラッキー、と考えておきましょう！

大人の対応

・上司とはこういうものだと理解しておく

↓(心の中で)「なるほど、これが上司か！」

「おっと、ミスを部下のせいにするのか。
さすが上司、キター！」

・謝罪のパフォーマンスだと理解する

・これも給料のうちであると考える

上司のプライドを傷つけないようにしましょう。

NG思考

(心の中で)「なんだか腑に落ちないなぁ」

27 第三者にきつく言うように指示された

上司から、仕事相手に厳しい内容の連絡をするよう指示されました。自分としては、そこまで相手にきつく言いたくありませんが、上司の指示を無視することもできません……。

間に挟まれ、気まずいとき。どちらにとっても円滑な大人の対応をするには？

大人は〝段階と順序〟を工夫する

つまり、あなたは〝嫌な役〟を押し付けられたというわけです。納期の催促や、お金がらみの話など、ビジネスシーンにおいては嫌な役まわりというものが必ずあるものです。話していて「キツいなあ」と感じる類の交渉です。

しかし、たとえキツい内容だとしても、その〝段階と順序〟を選ぶことができるはずです。したがって、あなたが先方にキツいことを言わなければいけない場合には、たとえば3段階くらいにわけて、少しずつ伝えるようにしてはいかがでしょうか?

まずは、軽くメールで催促してみます。それに反応がないようであれば「先日、このような内容のメールをお送りしたのですが、その後いかがでしょうか」と少しプレッシャーをかけてみる。それでも話が進まないようであれば、「○日までにお返事いただけない場合は、それなりの対応をさせていただくこととなります。

対応については、現在社内にて協議中です」などというように、多少強めの内容に変更してみてください。

このように、3段階、あるいは4段階でキツさ（強さ）のレベルをあげるなど、あなたなりの工夫を加えることで、徐々に相手に伝えるようにしましょう。

「言葉が少し強くなっているぞ」

私も、仕事で「〇〇について、先生、いかがでしょうか？」という内容のメールを受け取ることがあります。このような文面ですと、「そうそう、〇〇かあ。どうしようかなあ……」などと考えているうちに忘れてしまう、というケースがあります（笑）。

ところが、その後に「先生にお返事をいただきませんと、他の先生の締め切りにも影響が出てまいります。恐縮ですが、お早めにご連絡ください」というメールがきます。この文面を読むことで、はじめて「あ、先方の言葉が少し強くなっているぞ（笑）。そうだった、考えているうちに返信を忘れていたんだ！」と気づくわけです。

つまり、グラデーションを描くように文面を強くしていくことは、必ずしも悪いことではありません。たしかに、最初のメールからあまりにキツいようであれば、印象がよくありません。しかし、段階を踏んで徐々に言い方を強めていくことは、相手にこちらの意向が伝わりやすくなるという側面があります。

相手は送られてきたメールや書面を日付順に見て、「ああ、だんだん口調がキツくなってきているぞ。さすがに、そろそろ対応を考えなければ！」と感じることでしょう。

上司を納得させるテクニック

このように、段階を踏んで先方に圧力をかけてみても、まったく響く様子がないということであれば、そこではじめて上司の出番となります。

ここで覚えておいていただきたいのは、上司にとっては自分の仕事を楽にさせてくれる部下こそが優秀な部下である、ということです。ですから、キツく言うように指示されて、何もせずに「嫌ですよ、○○（上司）さんから言ってくださいよ！」ではいけません。まずは、先ほどご紹介したような段階を経て、自分で〝とりあえずやってみる〟ことが肝心です。

その上で、何段階にもわたる圧力に応じないようであれば、上司に報告しましょう。メールのやり取りを上司にそのまま見せることで、上司も「なるほど、段階を踏んできちんと催促してくれたんだな。それでも応じないわけか……。じゃあ、自分が連絡を入れてみるか！」と、納得するはずです。

いずれにせよ、仕事というものは「言われたらやる、来た球は打つ」というのが基本です。ですから、嫌な役まわりだからといって断ったり、上司に押し付けるような幼稚なことはしないようにしてくださいね！

大人の対応

・〝段階と順序〟を踏んで連絡する

↓「先日、このような内容のメールを
お送りしたのですが、
その後いかがでしょうか」

↓「○日までにお返事いただけない
場合は、それなりの対応を
させていただくこととなります。
対応については、
現在社内にて協議中です」

仕事上では〝言われたらやる〟を意識しましょう。

NGワード

「嫌ですよ、○○(上司)さんから言ってくださいよ！」

28 自分が気を遣わないといけない人が、不快そうにしている

外での打ち合わせの席で、隣の席から漂ってくるタバコの煙に、クライアントが不快そうな表情を浮かべています。

このままでは、打ち合わせの雰囲気まで悪くなりそうです。

大人なら、こんなとき どういった対応を とればよいのでしょう？

間髪を容れず〝行動する〟

接待や打ち合わせにおいて、場所の設定は、重要なポイントの一つです。相手が不快そうにしているということは、こちらの設定ミスということでしょう。

したがって、たとえばタバコの煙に嫌な顔をしているのが見て取れたら、間髪を容れず「タバコ、臭いですよね。すぐに他の席を探してまいります！」と言って、店員に掛け合ってみる。隣のグループのおしゃべりの声が大きく、それを耳障りに思っている様子であれば「ちょっとここ、うるさいですよね。他の席がないか聞いてきます」と言って、席を立つ。その上で、もし他の席が空いていないようであれば、「申し訳ありません、他によい席がないようですので、店を変えてもよろしいでしょうか？」と相手に提案するとよいでしょう。

このように、場所が悪いことを申し訳なく思っていることや、それを改善しようと奔走している様子さえ先方に伝われば、人によっては「いいよ、いいよ。大丈夫！　ここで話を続けましょう」ということになるかもしれません。あるいは席を移る際にも「ああ、よくやってくれているな」と先方も評価するでしょう。

つまり、先方のために〝行動する〟姿こそが肝心なのです。

「不慮の事故」を共感力で乗り切る

相手の不快さを察知した時点で、「ちょっとこの席、タバコの煙がキツいですよね」「隣の席、騒がしくありませんか？」「うるさいですよね」という会話のキャッチボールをすることも重要なポイントです。なぜなら、不快さという感覚を〝共有〟することで、〝被害者〟という同じ立場に立つことができるからです。

その上で、その場所を選定した〝よい理由〟についても言及してみましょう。「静かだと思ってこの店を選んだんですが、まさかこんなにタバコ臭いとは。僕もタバコは苦手なんですよ。申し訳ありません！」「全席禁煙だったので、安心してこの店を選んだんです。まさかこんなに騒がしいとは……。すみません」

このようなやり取りをすることで、まずはよかれと思っていたことが見当違いであったこと、つまり「不慮の事故」であることが相手に伝わります。加えて、謝罪をすることで、こちらの責任であるということも明確になります。

ここさえ押さえておけば、先方も不快さを〝共有〟している仲間ですから、店に対して腹立たしく思うことはあれど、あなたに対して怒りを感じることはありません。それどころか、感覚の〝共有〟ができたことによって団結し、「タバコなんて時代遅れもいいところだよなぁ」「本当にそうですよね」という、コミュニケーションにつながる可能性もあります。これこそ、共感力のなせる技です。

相手の気持ちに気づくテクニック

しかし、まずは相手が不愉快そうにしている、何かを気にしているということ自体に気づかなければ、スタート地点にすら着けません。

相手の視線の行く先から、「今運ばれていた料理、食べたいのかな?」「タバコの煙、嫌そうだな」など、様々な情報を手に入れることができます。

余談ですが、私は井上陽水さんの『ジャストフィット』という曲が好きなのですが、その歌詞の中で、女性が自分のスーツケースからちらりと下着を覗かせ、男の視線を追うことで〝自分に気があるかどうか〟を試そうとする場面がありますす。まさに、視線の行き先で相手の意向を確かめるテクニックそのものですよね。よい曲ですので、みなさんもぜひ聴いてみてください（笑）。

話題を振って、原因を探る

相手の視線の先どころか、不快な表情にすら気づけない人は接待に向きません。たとえば、それまで上機嫌で話していた相手が急に黙ってしまう。急にあちこちを気にし始める。そのようなことがあれば、料理が気に食わなかった、すでにその場に飽き始めているなど、必ず何かしらの原因があります。

そんなとき、相手の意向を知るためにも、ちょっとした会話を振ってみるとよいかもしれません。また、何に不満を持っているか見当がつかない場合には、二つ三つと話題を振ってみてもいいでしょう。

「この料理、どうですか?」「体調がよろしくないですか?」。それに対して、相手から「うーん。ちょっとね」「ちょっとタバコの煙がね」などの返答があれば、それは〝かなり〟不快に思っていると考えてください。なぜなら、日本人が「ちょっと」という場合には、〝かなり〟強くそのことを感じているケースが多いからです。

さらに「〝結構〟味が濃いよね」「〝結構〟臭いよ」というように〝結構〟が入った場合は、すでにキレていると思った方がよいでしょう。

〝褒められない限りは失敗〟である

私も大学で授業のアンケート調査をするたびに感じていることですが、たとえば5段階のうち最上位の「とてもいいと思う」以外はすべてダメだと考えてください。なぜなら、「とてもいいと思う」があるにもかかわらず上から二つ目の「よかったと思う」にチェックをつけたということは、何らかの不満があったということです。ましてや「ふつう」など、全然ダメだということでしょう。ですから、匿名の授業評価などで「ふつう」が半数を占めるようであれば、その授業はダメな授業ということになります。

ちなみに、私はこの授業評価において「先生はこの授業に情熱を持ってのぞんでいる」という欄を重点的に見るようにしているのですが、100名の生徒の評価のうち、99名が「とてもそう思う」にチェックしてくれていても、1名だけ「そう思う」があったりしますと、もうダメです。「一人だけ、とてもそう思わない人がいたか〜!」と頭がショートし、猛反省が始まります(笑)。

接待もこれと同じで、相手が「すごくいい店だね!」と言ってくれなければ、0点。つまり、失敗です。そもそも、日本人はいいと思うと「とても美味しいですね!」「いい店ですね!」と多少オーバーに褒める人種です。ですから、〝褒められない限りは失敗〟であると頭に入れて、接待にのぞむようにしてください。

大人の対応

・間髪を容れず、行動する

↓「タバコ、臭いですよね。
すぐに他の席を探してまいります！」

・共感力で乗り切る

↓「隣の席、騒がしくありませんか？」

↓「本当にそうですよね」

↓「静かだと思ってこの店を
選んだんですが、まさかこんなに
タバコ臭いとは。僕も
タバコは苦手なんですよ。
申し訳ありません！」

・相手の気持ちに気づく

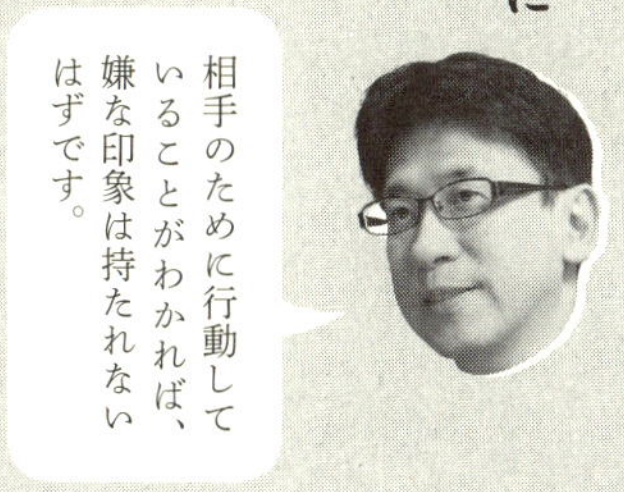
相手のために行動していることがわかれば、嫌な印象は持たれないはずです。

NG対応

そもそも、相手が不愉快そうにしていることに気づかない

column 4

大人はユーモアを持つ

私の友人は、かつて大学の授業料を滞納したために、督促状が送られてくるようになりました。最初は「授業料を◯日までにお支払いください」というやわらかな言い回しでも、勧告を無視するたびに文章が厳しくなり、最後は「△日までに支払わないと除籍」「支払いがなければ法的措置」という内容になったそうです。そもそも、督促状をもらう行為自体がよくないのですが（笑）、私は彼が本当に除籍にならないかと心配しました。

ところが、塾講師のアルバイトをしていた彼は、国語の授業中に例の督促状を机の上に並べ、生徒たちに「ここに督促状がたくさんある。どんな順番で送られてきたか、時系列に並べてみよう！」と問題を出したというのです。私は彼の行動に度肝を抜かれつつ、「感情の変化を考察する、国語としてはいい問題だね」と話したことを覚えています（笑）。

29 自分のミスではないのに、勘違いをして怒鳴り散らされた

勘違いをした上司が、一方的に怒鳴り散らしてきました。自分のミスではないことを説明したいのですが、こちらが口を挟むことができないほど、怒り続けています。

感情的になっている人を相手にするときの、大人の対応とは？

上司の怒りを食い止めるには？

これは勘違いですから、怒鳴り散らしている上司も気の毒ですよね。その怒りの土石流を、どうにか食い止めなければいけません。

そのためには、まずは理由がどうあれ、最初に謝ることです。その上で、上司が少し落ち着いてきたのを見計らって「実はですね、こういう経緯がありまして」と、ことの流れを簡単に紙に書いて見せるようにしましょう。これが口頭での説明となると「なんだ、言い訳か？」「そんなことはわかっているんだ！」とさらに怒らせてしまいますから、必ず紙に書き出してください。

相手はまさに火が付いている状態ですから、冷静な判断はできません。そういう場合は、相手が怒っていることをメモにとるようにしてみてください。このメモはあなたのためだけではなく、上司の怒りを整理することにもなります。たとえば、「まず、○○について怒っている、第二に……」というような具合です。

怒られているときにメモをとることに関しては、真剣に聞いているというポーズにもなりますし、「お前、怒られているときに何やっているんだ！」ということにはなりづらいかと思います。万が一、そのように言われたとしても、「すみません、頭を整理するためにメモをとらせてください」と一言言えばすむでしょう。

大人は賢く文字を使う

そして、怒りの土石流が弱まってきたら、そのメモを見せて「お怒りなのは、○と△と◇の件ですよね」「わかりました。まず、○の件に関しましては、実はこのような経緯がありまして……」とやり取りをスタートさせます。

不思議なもので、どんなに怒っている人でも、文章を前にしたやり取りになると、多少は冷静さを取り戻すものです。文明の知性、つまり文字によって上司の冷静さを取り戻してください。

言葉というものは、宙を舞うホコリのように不確かなものです。ですから、こういう場合には特に役に立ちません。なぜなら、いくら口頭で事実関係の確認をしようと、相手にとっては〝言い訳〟にしか聞こえないからです。しかし、文字であれば、一緒にメモに目を落としながら状況の確認をすることができます。

「え、先方が言ってきたことなの？」「そうなんです。メールも残っているんですけど、こういう経緯があったので例の対応をしたんですが、やはりまずかったでしょうか？」というように、文字を前にした事実確認を行うことで、勘違いであることを上司に伝えるようにしてください。

ただし、いくら文章化された経緯を用意しても、相手が怒りの頂点にいるようなタイミングで伝えては意味がありません。とにかく、まずは相手の怒りを文章化しながら、怒りが鎮まるのを待つのです。その上で、「お怒り、ごもっともです、申し訳ありません。とりあえず、事の経緯を書き出してみたので、よろしければご覧いただけますでしょうか？」というように持ちかけてください。

そこではじめて、「え、そうだったの？」「先方のミスなら仕方ないよね」「なんだ、勘違いしていたよ」という言葉を引き出すことができるのです。

キーワードは〝整理〟

このような場合、上司の勘違いをわかりつつ黙っていたり、きちんと文章化して説明しないこちら側にも非があるということを覚えておきましょう。上司が烈火のごとく怒るところにまで至ったということは、こちらが上司を勘違いさせてしまった、つまり報告ミスがあった可能性も否めません。

もし、双方で状況の確認がきちんとできており、その上で上司がこのように怒るということであれば、それは上司の人格と能力に問題があるといえるでしょう。その場合は、「なるほど、この人はきちんと文字で確認しているにもかかわらず正確な認識ができない、読解力不足なんだ」と捉えるようにしてください（笑）。

ポイントは〝火に油を注がない〟ということです。何かちょっと口を挟んだだけで、怒りが増幅するタイプの方がいらっしゃいますね。ですから、「はい」と相槌を打ちながら、ひとしきり嵐が過ぎ去るのを待ちましょう。待った上で、「お怒りの件について、少し〝整理〟させてください」と入るのです。感情のコントロールにおいて、もっとも大切なのは〝整理〟です。

違いを正すテクニック

ただし、相手が怒りの最中にあっても、もっとも肝心である勘違いについて触れたときには「あ、事実関係の確認なんですが……」と割り込むようにしてください。事実関係の確認をせき止めて怒鳴る人も少ないでしょうから、とにかく「すみません！　確認だけさせてください！」と入る。あくまで言い訳ではなく確認、そして〝整理〟です。怒られるのが怖くて、その場で事実確認を怠ってしまうと、後で「なんで先に言わなかったんだ！」と逆に怒られる可能性もあります。

この際の注意点としては、「でも」「しかし」など、言い訳や反論と捉えられるような言葉は使わない、ということです。まさに3秒の勝負です。普通の人であれば、息を吸って次の言葉を吐き出すまで、必ず3秒はかかります。ですから、上司が息を吸った瞬間を狙って「先方がこう言ってきたのです」と言い切ってください。いわゆる〝カットイン〟をして、勘違いの元凶であるポイントを3秒で伝えるのです。

テレビ番組の生放送などでも、誰も勘違いを正さないために、その場がダラダラと勘違いし続けるということがあります。ひどい場合には、事件の被害者と加害者を取り違えたまま喋り続けるコメンテーターもいるほどです。この場合も、気づいた人が「それって、誰々さんのことですよね？」と一言〝カットイン〟するだけで、場はおさまります。

ちなみに、ＴＢＳの安住紳一郎アナウンサーは、このあたりの能力や技術が天才的です。相手を傷つけることなく、場の空気を壊すこともなく、さらっと〝カットイン〟して修正・フォローをします。また、三雲孝江さんも同様の才能の持ち主です。ですから、お二人と共演するときは、私はいつも安心して喋ることができるのです（笑）。お二人のようにとはいかないでしょうが、ＴＰＯに合わせて言葉を調整し、誤解を正して、相手の暴走をせき止めましょう。

大人の対応

・相手の怒りを文字化する

↓「お怒り、ごもっともです、申し訳ありません。

とりあえず、事の経緯を書き出してみたので、

よろしければご覧いただけますでしょうか？」

・相手の勘違いに気づいたら、

すかさず事実確認をする

↓「すみません！　確認だけさせてください！」

NG対応

（上司の勘違いをわかりつつ）黙っている

30 とんでもないミスをして、仕事相手を怒らせてしまった

仕事で、自分がとんでもないミスをしたために、仕事相手を怒らせてしまいました。とにかく謝り続けているのですが、いくら謝っても先方は怒り続けています。

謝っても許してもらえない状況。
怒りがおさまらない
相手への対応とは？

「お詫びのしるし」を用意する

大人の対応には、いわゆる〝形式〟が重要視されます。ですから、とんでもないミスをしたという場合には、ぜひ、虎屋の羊羹を手土産にして（笑）、直接頭を下げに行きましょう。

虎屋の羊羹というのは、決して適当に申し上げているわけではありません。虎屋というブランドには老舗としての長い歴史があり、それに比例するように、多くの重要な場面でも使われてきました。言葉では足りない謝罪の意を、羊羹のずっしりとした重みが補ってくれることでしょう。

また、謝罪の際には「お詫びのしるし」の手土産の他に、もう一つの手土産が必要になります。それは、取引上での代替案です。

「ミスをしてしまったお詫びのしるしに、値引きをさせていただければと思います」「△の件に関しましては、無料とさせていただきます」など、先方にメリットとなる取引を、必ず用意するようにしてください。

代替案で相手の怒りを和らげる

そもそも、深刻なミスには、それなりの〝代償〟が伴うということを忘れてはいけません。値引きや無料化など、それなりの代替案をきちんと用意しておけば、相手の「こんなミスをして、一体どういうつもりだ！」という怒りにも対応できます。「こういうつもり」を用意しておくと、怒りもおさまるのです。

したがって、羊羹を差し出すと同時に取引上での代替案も差し出すことによって相手の腹の虫もおさまり、場合によっては「そうですか、そこまでされては逆に悪いような……」となることすらあるかもしれません。

代替案のない謝罪など、ほとんど意味がないのです。怒っている相手にただひたすら頭を下げ続けても、仕方がないと思いませんか？

ですから、「今回、○の件では取り返しのつかないご迷惑をおかけしてしまいました。ついては規模こそ小さくなりますが、△についてはぜひ御社とお取引をさせていただきたいと考えています」と、本来とは違う規模の取引だとしても、それなりの代替案を用意することによって、相手も「そうか、では△だけでも……」と怒りが小さくなるはずです。

ミスを補うアイデア

たとえば、あなたにもこんな経験はありませんか？

レストランで頼んだ最後の一品がなかなか出てこず、しばらく談笑しているうちに店を出る時間になってしまいました。会計の際に、「最後のコーヒーが出てこなかったんですが、時間もないのでもう結構です」と、店員にその旨を伝えます。

その際、それを聞いた店員が「そうでしたか、申し訳ありません」と詫びただけで店を出されるか、店員が「しばらくお待ちいただけますか？」と店長の元へ走り、結果、「お詫びのしるしとしてこちらをお持ちください」とクッキーを持たされて店を出るか……。この対応には、歴然たる差がありますね。

後者のように、ミスがあってもそれなりの対応をされたら、「ただでクッキーもらっちゃったな。また、何かの機会にはあの店を使おう」という気持ちにもなります。

このように、「ミスの代償として何が出せるか、何をすることができるのか？」という代替案を用意してこそ、大人の対応だといえるでしょう。決して、言葉だけでその場を乗り切ろうなどと考えてはいけません。

大人ですから、しっかりと頭を使ってアイデアを練るのです。

「損して得とれ」＆「負けるが勝ち」

もちろん、ミスを上司に報告する際にも注意が必要です。単純に「ミスをしてしまいました。すみません」では、上司も納得できません。

「すみません、私の不手際でこのようなミスをおかしてしまいました。ついては、どのようなことでフォローできるか、三案ほど考えてみましたので、ご確認いただけますでしょうか?」。このように、代替案込みで相談するようにしてください。

「損して得とれ」という言葉があります。たとえ小さな代償だとしても、それによって〝人間関係が維持される方〟を選択することが大人の対応のポイントです。

「負けるが勝ち」もそうです。たとえば、送ったはずの書類が届いていないと先方から逆ギレ状態のクレームが入ったとしても、「そうですか、すみません。こちらも再度確認してみます。念のため再送いたします」といった具合に、とりあえず謝るのです。自分が譲ることで相手が納得するようであれば、それでいいと割り切る。しかも、こういう場合は、たいてい先方の確認ミスというケースが多いのです。後から書類が出てきた際に「悪いことしちゃったなあ、あのとき対応してくれて助かった」というよい印象しか残りません。

「すみません」という謝罪の言葉が、〝口先だけではない〟ことを、しっかり先方に伝えるようにしてくださいね。

大人の対応

・「お詫びのしるし」として手土産を用意する

・代替案を用意する

↓「ミスをしてしまったお詫びのしるしに、
値引きをさせていただければと思います」
「△の件に関しましては、
無料とさせていただきます」

↓「今回、○の件では取り返しのつかないご迷惑を
おかけしてしまいました。
ついては規模こそ小さくなりますが、
△についてはぜひ御社と
お取引をさせていただきたいと考えています」

・「損して得とれ」＆「負けるが勝ち」

↓（相手のミスだとわかっていても）「そうですか、すみません。
こちらも再度確認してみます。
念のため再送いたします」

謝るだけでは、先方の怒りもおさまりません。大人らしく、具体的に代替案を出しましょう。

＼ NG対応 ／

ただひたすら頭を下げ続ける

31 接待の席で、どうしても話が盛り上がらない

接待の席で、どうしても話が盛り上がりません。いくら頑張って盛り上げようとしても、会話がかみ合わず、沈黙が生まれてしまいます。

どんな相手でも盛り上がれる、
やわらかくて
最強の対応とは？

大人は〝雑談力〟を磨く

大人の対応力の最たるものが〝雑談力〟であるといえるでしょう。つまり、大人たるもの、どんな場所、どんな人とでも、適当な話題を振って雑談を交わす力を持たなければいけません。私などは、5秒間沈黙が続くようなら負け、10秒も沈黙が続けば〝放送事故〟だと考えているほどです。

したがって、接待の場において沈黙が続くということは、相手に適切な話題を振ることができていない（＝雑談力がない）ということです。難しいと思われるかもしれませんが、どんなに寡黙そうに見える人であっても、その人の盛り上がる話題が、一つや二つはあるものです。

私は以前、『偏愛マップ　キライな人がいなくなる　コミュニケーション・メソッド』（NTT出版）という本を書いたことがあります。偏愛マップというのは、自分の好きなものを脈絡なく紙に書き出したものですが、これを見ながら会話をすることで、初対面であっても会話が弾むというコミュニケーションの一つです。

「あ、ミュージシャンの○○がお好きなんですか！」「ええ、もう20年のファンなんです」「私も先日のライブに行きました！」といった具合に、偏愛マップさえあれば、出会った直後、一瞬にして打ち解けることも可能でしょう。

私の知り合いは、会社の中でこの偏愛マップを持ち寄ったところ、なんと共通の趣味に「伝書鳩」があったことが判明し、大いに盛り上がったそうです。

つまり、どんな人でも「山の話となれば黙ってはいられない」「テニスの話なら任せておけ」というような趣味・興味の〝領域〟があるのです。

会話を弾ませるテクニック

各自がそれぞれの偏愛マップを常に持ち歩いてくれるならよいのですが、ビジネスシーンではそうもいきません。その場合、先方の〝領域〟を知るために活用したいのが、フェイスブックやツイッター、インスタグラムなどのSNSです。

もちろん、プライベートで利用しているアカウントも多いため、あくまで〝良識の範囲内〟ということになりますが、事前にこれらをチェックしておくことで、相手に適切な話題を振ることができます。

会話を弾ませるテクニックの一つは、相手の詳しいことについて話を振ることなのです。ここさえ押さえておけば、沈黙が生まれることはないでしょう。

たとえば、私のように大学で講師をしておりますと、二人一組で試験監督を務めることがあります。そんなとき、「学生たち、緊張していますねえ」では、「そうですね」の二言で会話は終了です。ところが、先に紹介した相手の詳しいことについて話を振るというテクニックを使って、「ご専門は、なんですか?」と話を振ってみる。すると、「私は『源氏物語』でしてね、実は○○を研究していて……」と、『源氏物語』の話題で一日中盛り上がったという経験もあります(笑)。

相手は『源氏物語』の専門家ですから、会話が途切れることはありません。いろいろ教えてもらえるので私も勉強になり、とても有益な時間を過ごすことができました。

それぞれの〝知らない世界〟

みなさんは、『マツコの知らない世界』というテレビ番組をご存じでしょうか？

マツコ・デラックスさんが、あらゆる〝知らない世界〟の第一人者たちに話を聞くというスタイルの番組で、私もファンの一人です。番組はいつも大変盛り上がるのですが、特にマツコさんが知らないことに「へぇ！」と驚く瞬間、そして「そうそう！」と共感する瞬間、番組は一気に盛り上がりを見せます。

もちろん、普通の人はマツコさんのような素晴らしい話術を持ち合わせているわけではありませんし、ゲストのように突出した趣味を持っているわけでもありません。それでも、それぞれが何か〝知らない世界〟を持ち合わせているものです。

その〝知らない世界〟について本人が話したいか話したくないかは、話を振ってみればわかりますから、相手が話したくないようであればそこでストップ、話が尽きないようであれば「へえ!」「なるほど!」と相槌を打ち、たくさん話してもらいましょう。

また、接待とまではいかない雑談レベルでも、この〝話題を振って、相手の興味を探る〟技術が使えます。したがって、ペットの話に乗ってこないようであればスポーツの話、スポーツでダメなら音楽の話と、いくつか話題を振れるようにしておくことが大切です。そのうちの一つにでも相手が乗ってきたら、しめたもの! その話題を膨らませていきましょう。

〝持ちのいい〟話題で盛り上がる

また、接待ともなれば、いかに〝持ちのいい〟話題であるかが肝になってきます。そんなときは、自分の話からスタートさせるのも一つの手です。ひるむことなく、情報を開示してみましょう。

「最近、アマゾンでポチってばかりで……」「わかります。ついつい買ってしま

います よね」「先日、映画のDVDを大人買いしまして」「お、映画がお好きなんですか。何のDVDをお求めで?」「実はジャン・ギャバンのDVDをボックスで買ってしまいまして」「お、渋いですね〜。私も『地下室のメロディー』は大好きですよ!」「なんと、そうでしたか! 今、ものすごくお得なDVDボックスが発売されていてですね……」

これは、先日の私の実際の会話の一部ですが、ひるまずに情報を開示すること、常にいろいろな情報に明るいということが、思わぬ雑談につながるものです。

もし、いかなる手法を駆使しても会話が続かない、相手が話題に乗ってこないということであれば、そこで芸能ニュースの出番です。芸能人の結婚や離婚などは、いわば世の中でもっとも〝どうでもいい〟話題ですが、これが意外に〝持ちのいい〟話題であることも確かです。また、芸能人の生き方から、多くの人生訓を得ることもできるでしょう。

「芸能ニュースなんて……」と馬鹿にせず、あらゆる知識をリスペクトし、あなたの雑談力に変えてくださいね。

大人の対応

・相手の詳しいことについて話を振る

↓「ご専門は、なんですか？」

・話題を振って、相手の興味を探る

・自分の情報を開示してみる

↓「先日、映画のDVDを大人買いしまして」

自分の知らない世界の話は、とても為になりますよ。

NG対応

相手に適切な話題を振ることができない（＝雑談力がない）

沈黙してしまう

32
仕事相手から返答に困るメールが来た

仕事相手から来たメールに、「実は子どもが受験に失敗しまして」と書き添えられていました。かなりプライベートなことなので、いったいどう返答したらいいのか、わかりません。

慰めるのも失礼に当たるのか。
でも、スルーするのも気が引ける。
こんなときの大人の対応とは？

大人はプライベートに立ち入らない

仕事相手のプライベートなことに深く関わるべきか、関わらざるべきか……。これが最初の問題ですね。私の経験上、多くのケースは関わらない方がよいと考えています。

このような場合、「いろいろご事情がおありでしょうから、ご無理なさらないでください」というように、当たり障りのない言葉でとりあえず先方をお慰めする、というのがもっともよいのではないでしょうか。なぜなら、相手はあなたに具体的な対処法を望んでいるわけではないからです。

ただし、万が一あなたが同じ痛みを知っている場合には、その痛みやつらさを開示するという手もあります。

「そうですか、お察しいたします。決して比べられるようなものではありませんが、実はうちも昨年子どもが受験に失敗しまして。今ではよい経験だったと、笑顔で振り返ることができるようになりました」

このような言葉を添えることで、相手も「そうか、隠しておきたいようなことを自分のために言ってくれて、ありがたいことだ」と感じるかもしれません。

〝傲慢さ〟を感じさせないテクニック

ただし、そのような言葉を喜ぶ相手かどうかは、お互いの関係性などから、きちんと見極めるようにしてください。

くれぐれも注意していただきたいのは、「そんなことで人生が決まるわけじゃないし、大丈夫ですよ」というような〝無責任さや傲慢さ〟を感じさせないことです。

同じ教育上の悩みでも、10人いれば10通りの悩みがあることは、みなさんもよくご存じかと思います。相手の抱える痛みがあなたの痛みとそっくりそのまま同じ、ということはありえません。それぞれが、それぞれのポイントで苦しみ、悩んでいるのです。

したがって、たとえば「〝はかりしれない〟ご苦労でしたね」「私などには〝想像もできない〟ほどです」というような言葉を使うことで、相手を尊重することが大切なのです。

単なる〝言い訳〟の場合は？

もしくは、相手のメールの文面に、どこかしらそれを〝言い訳〟にしていると感じる場合には、完全にスルーするという手もあります。仕事相手とはいっても様々な関係性がありますが、さほど親しくない相手から返答に困るようなプライベートな内容の書かれたメールが来た場合には、単なる〝言い訳〟に過ぎないという可能性があります。つまり、納期に間に合わないことを、暗にプライベートに理由があるかのように匂わせているようなケースです。

そういう場合には、「大丈夫ですので、お気になさらないでください。つきましては、○の件については延期ということで……」と〝次の展開〟について語ってしまいましょう。

あるいは、いわゆる「一身上の都合」というような意味合いで家庭事情を持ち出してきたのかもしれません。それに真正面から向き合っていてはこちらも疲れてしまいますし、そもそも「一身上の都合」とは「スルーしてください」という言葉と同義です。

「ああ、触れてほしくない〝言い訳〟の一つだな」と判断したら、メールの内容にはあまり振り回されず、上手に受け流すようにしてください。

大人の対応

・プライベートに立ち入らず、当たり障りのない言葉で慰める

↓「いろいろご事情がおありでしょうから、
ご無理なさらないでください」

・同じ痛みを知っている場合、その痛みやつらさを開示する

↓「決して比べられるようなものではありませんが、
実はうちも昨年子どもが受験に失敗しまして。
今ではよい経験だったと、笑顔で
振り返ることができるようになりました」

・〝無責任さや傲慢さ〟を感じさせない言葉をかける

↓「〝はかりしれない〟ご苦労でしたね」

・単なる〝言い訳〟の場合、次の展開について話す

↓「大丈夫ですので、お気になさらないでください。
つきましては、○の件については延期ということで……」

NGワード

「そんなことで人生が決まるわけじゃないし、大丈夫ですよ」

33 仕事相手が明らかに自分の悪口を言っている

仕事相手のＳＮＳに、明らかに自分に対する不満が書かれているのを見てしまいました。
今度、その相手と会う予定がありますが、どう振舞っていいのかわかりません。

ＳＮＳの普及から起こりがちな問題。
複雑な関係を乗り切るための、
心の持ち方やその対応とは？

大人は〝見なかった〟ことにする

これは、仕事相手が自分のＳＮＳを、〝身内だけの場〟と思っているか、はたまた〝誰もが見る場〟と思っているかという認識の違いによって対応が異なります。

前者の場合、相手はまるで家族に話すように不満を書いていて、あなたがそれを見ているとは、思ってもいないわけです。こういう場合は「見た自分が悪かった」と、見なかったことにしてください。仕事に支障がなく、実際に会っているときは普通、あるいは感じがよいのであれば、何の問題もないとは思いませんか？

「訴えてやる！」と意気込んでも……

もちろん、プライベートに使用しているＳＮＳだからといって、何を書いてもいいというわけではありません。鍵のかかっていないＳＮＳは、全世界に発信されているわけです。しかし、今はＳＮＳに関する法律上の整理が、きちんと確立されていないのです。ですから、ＳＮＳ上で誹謗中傷をくり返したとしても、それが犯罪に当たるか否か、微妙なケースがほとんどです。したがって、自分のメンタルケアのためにも、相手のＳＮＳを気にしないということが基本となります。

しかし、度を超すような誹謗中傷が書かれていたということであれば、心情的にも放っておくのは難しいですよね。この場合、もし相手が匿名で悪口を書いていた場合には、こちらも匿名でそれに反撃してみるのも一案です。相手も「あ、見られた……」と気づくでしょうし、匿名とはいえ反撃したことで、少しはこちらも心が鎮まるのではないでしょうか？

仮に、あなたが「悪口を書いた相手が許せない！」「訴えてやる！」と憤ったとしても、匿名の相手を洗い出して文章を削除させる〝削除要求〟などには弁護士を雇っての裁判が必要になります。つまり、大変なお金が必要となりますし、プロバイダなども絡みますから、こちらの個人情報も開示しなければいけません。兎にも角にも、リスクとコストがかかるということです。

結局何も解決しないまま、弁護士だけが得をして終わるといったケースも少なくありません。「訴えてやる！」と意気込んだあなた自身が疲弊してしまいます。

大人は〝危険なもの〟に近寄らない

したがって、このような精神的・物理的リスクを負いたくない場合は、ＳＮＳなどから一定の距離を保っておくということが得策です。ツイッターにしろフェイスブックにしろ、あなたの見たくない情報が、必ず紛れこんでいるものなのです。

たまにエゴサーチをするという人がいますが、私にはその神経がわかりません。おそらく、相当タフな精神の持ち主なのでしょう！　私は、１００人に１人でも自分の本にケチをつけている人がいれば「本当にきちんと読んでいるのか⁉」などと思ってしまう一方で（笑）、ご自身のお金で買ってくださった本ですから、なんと言われても仕方ないという気持ちも持ちあわせています。だからこそ、私はＳＮＳや掲示板などの類からは、自ら距離をとるようにしているのです。

大人の対応としては、たとえSNSで自分の悪口を見たにせよ、とにかく実際の仕事上では笑顔で「まるで見ていませんよ！」という関係性を保ち続けるということでしょう。くり返しになりますが、仕事上で支障がなければ何の問題もありません。

相手が〝陰で〟何を言っていようが、それはあくまで〝陰で〟なのです。それを見てしまった自分が悪い、と考えるようにしましょう。

そもそもSNSというのは本音が漏れる場所です。「ここだけの話ね」と話した友人との会話ですら漏れてしまうわけですから、SNSなどは「ここだけの話」が全世界に広まる〝危険なもの〟という認識を持っておくとよいかもしれません。一度でもインターネットに上がってしまえば永遠に残る、と考えておいてください。

仕事関係は要注意！

特に仕事上のことを発言する際は、十分注意するようにしましょう。場合によっては、情報漏洩など仕事にとっての大損失につながることもあります。あなたの予想をはるかに上回る被害が出る可能性がある場所だ、ということです。

したがって、仕事や会社に関係する事柄は基本的にインターネットに書き込まない、というのが大人のルールの一つです。芸能人が「これから○○の打ち合わせ～」などと書くのは、あくまでそれ自体が一つの仕事（広報）だからです。決して真似をしてはいけません。

また、会社という組織においても、社員がインターネット上でトラブルを起こした場合にどう対処するかというハウツーを、社の方針として定めておく必要性があります。なぜなら、上司一人の判断になりますと、それは単なるプライベートへの介入です。あくまで社としての線引き（ルール作り）をしておくことが重要なのです。

ですから、あなたがSNSで取引先に実名で悪口を書かれた場合に、「こんなことを書かれてしまったのですが、どう対処すればいいですか？」と、上司や周囲に相談・報告することが、実は重要な〝事例〟につながる可能性があります。

したがって、何かトラブルがあった場合には、とにかく関係者と〝共有〟するようにしてください。決して、自分一人で対処しないようにしましょう。

インターネット社会を予測したギリシャ神話

「王様の耳はロバの耳」と土の穴に向かって叫んだにもかかわらず、生えてきた葦によってそのことが広まってしまうという有名なギリシャ神話がありますが、まるで現代のインターネット社会を予測していたかのようです。

これから、SNSに関するルールや罰則も少しずつ整っていくことでしょう。とにかくあなたの不用意な発言が第三者を巻き込むことがないよう、くれぐれも注意してくださいね。また、あなたが巻き込まれている場合には、それ以上巻き込まれないよう完全に気にしないようにするなどのメンタルケアや、上司や周囲にしかるべき報告をするなどの対応を覚えておいてください。

33　仕事相手が明らかに自分の悪口を言っている

大人の対応

- **SNS上で自分の悪口を見ても、実際の仕事上では笑顔で関係性を保ち続ける**
- **SNSなどから一定の距離を保つ**
- **仕事上のトラブルの場合、上司や周囲に相談する**

SNS上での問題を起こす大人、多くいます。同じ土俵には立たないよう、大人の対応をしましょう。

NGワード

「悪口を書いた相手が許せない！」
「訴えてやる！」

34 仕事上の涙に対する対応

仕事での打ち合わせ中、部下である女性が、急に泣き出してしまいました。特に叱ったわけでもなく、涙の理由すらわかりません。

とてもデリケートなこの時代、
下手なことをすると、
セクハラ問題にも
発展しかねません。
こんなときの対応とは？

部下を的確にフォローするためには？

このような場合、最初にご注意いただきたいのは、必ず同性の人間が対応・フォローするということです。昨今では、ポンポンと肩をたたくだけでセクハラだと思われることもしばしばですし、そもそも、情緒不安定に陥っている部下を前に、上司が直接話を聞いて解決する問題かどうか、はなはだ疑問です。

したがって、同性の、できればその部下と親しい間柄にある人物に、とりあえず涙に至った事情を聞いてもらうようにしてください。

以前、大学の授業で、「どんなに下手でもいいから紙に絵を描いてもらい、その絵を様々な角度から誉め合う」という課題を出したことがありました。その授業中、なぜか一人の女子学生がうずくまり、シクシクと泣き出してしまったのです。私は大変心配しましたが、なぜ彼女が泣き出してしまったのかわからなかったため、彼女の親しい友人に事情を聞いてみました。すると、友人曰く「彼女は、わけもなく、時々こうなるんです」とのこと……。授業内容の何が〝スイッチ〟になってしまったのかも聞いてみましたが、的を射る回答は得られません。私は心配しつつも、その友人に彼女のフォローをお願いして、とりあえず授業を再開することにしました。

あのとき、授業を中断して私がいくら彼女を慰めたところで、事情を理解しない者のフォローでは埒があかなかったことでしょう。また、私ではなく「彼女は、わけもなく、時々こうなるんです」ということを知っている友人だからこそ、彼女を的確にフォローすることができたのだと思います。

「なぜ、泣くのか？」それぞれの基準

これは、職場においても同じです。「なぜ、そうなったのか」「なぜ、そうなりがちな人物なのか」を知る人物に協力してもらうことが肝心です。上司が直接対応しようとして、よかれとかけた一言が命取りということもありえます。「なん

で泣いているの？」はまだしも、「泣いても解決しないと思うんだよね」などと言ってしまったらアウトでしょう。そもそも、なぜ泣いているのか論理的に説明できるような状態であれば、涙など流していないと思いませんか？

また、常日頃から感情が溢れ出やすいタイプの人にとってみれば、多少の涙はさほど気にするものでもないかもしれません。涙腺のゆるさは人によって様々です。それは感性の違いと同義でしょう。ちょっとのことで感情が溢れ出てしまう人もいれば、私のように「全米が泣いた！」映画を見ても、まったく泣かない人間もいます（笑）。

つまり、「なぜ、泣くのか？」という基準がそもそも違いますし、仕事上のことで涙を流すということが、絶対的に悪いともいえません。もちろん、基本的にはあまりよくないことかもしれませんが、自分の仕事上のミスを大いに悔やんでいるという誠実さの表れかもしれませんし、一概に〝情緒不安定〟では切り捨てられないものです。

「あの人は、情緒不安定だよね」「自分の心のコントロールもできないのか」という目で見てはいけません。人には、それぞれの心に抱えているものがあるのですから。

心を落ち着かせる〝時間をとる〟

したがって、職場などで泣き出した人がいた場合には、周囲の混乱を避けるためにも、とりあえず場所を移動させて、お茶などの飲み物を飲ませてください。なぜなら、気持ちが混乱したときには飲み物を飲むということが、プラスに働くことが多いのです。できれば、あたたかいお茶がよいのですが、ペットボトルのジュースなどでも構いません。

「とりあえず、冷たいものとあたたかいもの、両方買ってきたから、好きな方を飲んでしばらく休みましょう」。このように声をかけて、セクハラだのパワハラだのと言われることは、まずないでしょう。とり急ぎこのような対応をした後、先ほど申し上げたように親しい人にフォローしてもらいつつ、落ち着くのを待つようにしてください。本人が落ち着きを取り戻し、その涙の原因を親しい人に話すことがあれば、それに対処するようにすればいいのです。

また、意味もなく泣き出したのではなく、自分のミスなどを報告しながら思わず泣いてしまったような場合にも、同じく「とりあえず、落ち着いて座りましょう。飲み物でも持ってくるから、ゆっくりしよう」と〝時間をとる〟ことがポイントです。一昔前のドラマの警察の取り調べ室シーンで必ず出てくる「まあ、とりあえずカツ丼でも食え」と同じかもしれませんね。相手を落ち着かせる〝時間をとる〟ことで、状況の改善を試みるわけです。

変化する身体的な感覚、情緒

最近では、心因性の過呼吸症候群の連鎖というようなニュースをたびたび見かけます。歌番組の最中に女性アイドルグループのメンバーが相次いで過呼吸を引き起こしたことなどから、広く知られるようになったかもしれません。

このような心因性の過呼吸の連鎖についても、「至って普通の人にも、そういうことが起きうる」ということさえ知っておけば、突然泣き出した人物を〝情緒不安定者〟として切り捨てるようなこともなくなるでしょう。

現代では、このケースのように感情が溢れ出てしまいがちなタイプの人が増えています。しかし、感情が溢れ出るからといって、彼らの仕事のパフォーマンスとは何の関係もありません。

少し前に、大学の入学式で気分の悪くなった学生が、一気に4〜5人も相次いでバタバタと倒れたことがありました。私はこの光景に少なからず驚いたのですが、昔とは違う身体的な感覚、情緒を持った人が増えてきているということでしょう。

最初は戸惑うかもしれませんが、そういうこともある、こういう人が増えてきているという認識を持った上で、落ち着いて対処するよう心がけてください。

くれぐれも、「泣いても解決しないと思うんだよね」「ちょっと情緒不安定なのかな？」など、不用意なことを言わないように注意してください。

大人の対応

・同性の、その部下と親しい人物にフォローしてもらい、涙の原因を探る

・心を落ち着かせる〝時間をとる〟

↓「とりあえず、
冷たいものとあたたかいもの、
両方買ってきたから、
好きな方を飲んでしばらく休みましょう」

・昔とは違う身体的な感覚、情緒を持った人が増えてきているということを知っておく

NGワード

「なんで泣いているの？」

「泣いても解決しないと思うんだよね」

「ちょっと情緒不安定なのかな？」

column 5

大人は時代の空気に敏感である

時代の感覚というのは、刻一刻と変化していきます。ＬＧＢＴ（セクシャルマイノリティ）にまつわる社会事情、ＳＮＳを中心に広がった#metoo運動など、かつては見過ごされていた動きや発言にフォーカスが当たり、どんどん修正が加えられていきます。男女ともに「△△さん」という呼称を使用するのも、ここ最近ではごく普通のこととなりました。

私たち大人は、この〝速度〟に慣れていかなければいけません。「昔は違っていたんだ」などという言い訳は、今やナンセンスです。

たとえば江戸時代に書かれた『葉隠』には、娘が駆け落ちをしたために、家族全員が腹を切らなければいけなくなったケースが書かれています。極端な例に思われるかもしれませんが、時代が変われば考え方も変化するのです。大人なら、そういった時代の空気感を常に敏感に感じ取り、フレキシブルに対応していきたいものです。

35 結婚しないのかと聞かれる

周囲から「結婚はまだなのか？」と言われることが増えました。自分を思いやっての発言だとわかってはいるし、いつかはしたいと思っています。ただ、今のところ結婚は考えていません。

結婚はプライベートなことだが、
こんなときの大人の対応とは？

「よいご縁がなくて」ではなく「どうにも決断がつかなくて……」

すでに、質問そのものが、パワーハラスメントにつながりますね。

今どき、「結婚はまだ？」などと聞くこと自体、時代遅れです。このような言葉を投げかけてくる方というのは、デリカシーがないのはもちろんのこと、時代に取り残されたかわいそうな人たちなのです。

ですから、本来であれば質問自体をスルーしてもよいくらいですが、「大人の対応」をして、「いやはや、神のみぞ知るといったところでしょうか」などと、軽くあしらってみてはいかがでしょう？　あるいは冗談まじりに、「自分はあまりにモテるものですから、どうにも決断がつかなくて（笑）」などと返すのもよいかもしれません。

かつては、「よいご縁がなくて……」というのが一種の決まり文句でした。ところが、以前のように「じゃあ、自分が縁談を持ってきてやろう」などという、よい意味での〝親切の押し売り〟をする人は、確実に減ってきています。つまり、今の時代には、そぐわない返答になりつつあるといえるでしょう。言うだけ損、というものです。

今はとにかく仕事を頑張りたいと思っているときに、上司に結婚はまだかと言われたのなら、「一年、ないし二年は、とにかく仕事を頑張ろうと思っておりまして」だとか、「どんなプロジェクトでも自分に任せてください！　その方が気持ちにハリが出ますし、プライベートもうまくいくはずですから」などとかわすのもよいでしょう。

大人はストレートに言うべからず

ここで、〝大人の対応〟を目指すみなさんに、ぜひ、覚えておいていただきたいことがあります。それは、考えていることをそのままストレートに伝えてはいけない、ということです。もちろん、それが正論だとしても、です。

私たちは善悪を判断する法廷にいるわけではなく、日常生活の中にいるのです。これを忘れてはいけません。

もし、気分を害したあなたが、上司を「プライベートなことは聞かないでください！」と突っぱねたら、いったいどうなるでしょうか？　当たり前ですが、その場の雰囲気は最悪になります。周囲には、重く、暗い空気が漂ってしまうことでしょう……。

そもそも、上司というのは部下のプライベートを含め、職場をトータルに管理していく立場の人間です。ですから、あなたが「立ち入らないでください」とばかりに突っぱねてしまっては、上司も立場上、困ってしまいます。

その場の雰囲気をやわらかくする「笑い」

大人のコミュニケーションにおいて、もっとも大切なことは、とにかくその場の雰囲気をやわらかく保つ、ということに他なりません。そのために必要不可欠な要素が、〝笑い〟です。

「ご心配いりません。人生、万全のプランで進めておりますから！」「プライベートも〝堅調に〟進めてまいります」、もしくは「『人事を尽くして天命を待つ』『待てば海路の日和あり』ということわざもありますし、とにかく待つことが私の使命だと思っております！」などという、少しオーバーな〝小気味よい〟対応はいかがでしょうか？

また、「結婚はまだ？」という質問ですから、いっそ「向こう30年のうちに、と考えております（笑）」でもいいかもしれません。また、あなたに結婚する気がまったくないということでしたら、その方の顔を覗き込みつつ、「そもそも、結婚というものは、果たして本当に幸せをもたらすものなのでしょうか。自分にはわかりませんので……」と、疑問を投げかけてみるのも一つの手かもしれませんね。妻に頭の上がらない男性であれば、セキ払いの一つでもして、話題を変えることでしょう。

大人の対応

・冗談まじりに返す

↓「自分はあまりにモテるものですから、どうにも決断がつかなくて（笑）」

↓「ご心配いりません。人生、万全のプランで進めておりますから！」

↓「向こう30年のうちに、と考えております（笑）」

イラッとしても、うまく笑いに変えて受け流しましょう。

NGワード

「プライベートなことは聞かないでください！」

「部長には関係ないことですよね」

「言いたくありません」

36 妊活問題に首を突っ込んでくる

結婚して3年になりますが、周囲から「子どもはまだなの？」とよく言われるようになり、返答に悩んでいます。

妊活はとても
デリケートな話ですが、
こんなときの大人の対応とは？

「時代遅れ」の発言には、それなりの対応を

子どもに関する質問というのは、大変デリケートなものです。子どもは欲しくないというご家庭もあれば、たとえ欲しくても、体質などの理由で授かることができないご家庭もあるわけです。

ですから、そのような事情も知らずに、このような話題を持ち出す方というのは、前項の「結婚はまだなのか？」の発言者と同じく、相当デリカシーに欠けた人だといえるでしょう。

ところが、この「子どもはまだなのか？」発言、みなさんは信じられないかもしれませんが、50年前には誰もが言っていたことなのです。もちろん、定型文のようなものですから、発言者は、特に何も考えていません。彼らは今でも、時代の変化に対応することができずに、ついつい、このようなことを口走ってしまうのです。

そういう意味では、前項の「結婚はまだなのか？」発言と、この「子どもはまだなのか？」発言は、セットで考えることができるでしょう。多くの場合、相手はあなたに「意地悪をしてやろう！」と思って発言しているわけではありません。単に、彼らが〝時代遅れ〟な人間だというだけなのです。

ですから、あなたがこのような発言にあったとしたら、「あら、まだこんな無神経なことを言う人もいるのね」「希少動物がいたぞ！」とばかりに、相手を客観的に捉えてみることが大切です。

「諸般の事情」は無敵の言葉

相手を、ある種の〝愛護精神（笑）〟に基づいて客観的に捉えることができたら、次に、ぜひ「諸般の事情がございまして……」という言葉を使ってみてください。

「諸般の事情」というのは、ある意味、無敵の言葉です。たとえば、仕事を辞めるときに、必ず「一身上の都合」という言葉が用いられますね。あれと同じだと考えてみてください。一般的にも、「一身上の都合」で会社を辞めるという人に対して、「一身上の都合って、どんな都合ですか？」などと聞くことはないでしょう。

つまり、「諸般の事情」や「一身上の都合」という言葉を出された場合には、「それ以上首を突っ込まない」という暗黙のルールがあるのです。「一身上の都合」と同じで、「諸般とは、一体どんなことですか？」などと質問してくる人は、ほとんどいないのですから。

相手の発言をうまく利用する

ただし、あなたが子どもが欲しいと思っているにもかかわらず、なかなか授からないという場合、「鋭意努力中ではありますが、なかなか結果がともなわず……。何かよい策をご存じですか？」などと、逆に質問してみるのも手かもしれませんね。

よい情報が聞き出せたらもうけものですし、万が一、質問された相手に「よい策」がなかった場合、相手は「自分はどうしてこんなことを聞いてしまったのか……」とうつむいてしまうはずです。

あなたが同じ質問を受けることは、おそらく、二度とないでしょう。

また、「とにかく、自然の流れに任せるようにしています」という言葉も、角が立ちません。

日本人は、古来、意図的にそう「する」というより、自然にそう「なる」状態を好む種族です。自然のプロセスを大切にしたいというあなたの気持ちは、きっと相手に伝わるはずです。

もし、伝わらないとすれば、例の〝愛護精神〟に基づいて、「ここにも希少動物がいたわ」と思えばよいのですから。

大人の対応

・無敵の言葉「諸般の事情」を使う

↓「諸般の事情がございまして……」

・相手の発言を利用して、逆に質問する

↓「鋭意努力中ではありますが、なかなか結果がともなわず……。何かよい策をご存じですか？」

・角の立たない返答をする

↓「とにかく、自然の流れに任せるようにしています」

「希少動物がいたぞ！」くらいの気持ちで捉えてみましょう。

NGワード

「デリカシーがなさすぎですよ！」

「あなたには関係ありませんから」

37 酔っ払いからのボディタッチが迷惑

普段は人がよくて頼り甲斐のある上司ですが、酒癖が悪く、酔うとボディタッチが多くなります。

今日の飲み会で、不運にも上司の隣の席になってしまいました。そして、例のごとくボディタッチが始まり……。

上司なのではっきりと拒絶はしづらいけど、やめてほしい。こんなときの、大人の対応とは？

ポジショニングに全力を注け！

みなさんに、最初に心得てほしいことがあります。それは、飲み会は〝座る場所がすべて〟であり、そこに全力をかけるべきだということです。これは、大学生などの合コンなどでも同じですね。

私の知り合いに、ある年配の教授を非常に気に入っている女性がいるのですが、彼女は年に1度か2度の飲み会の際には、その教授の隣の席を確保すべく、ポジショニングに全力を注いでいます（笑）。

しかし、彼女のようにどうしてもその人の隣の席に〝座る〟ことよりも、酒癖の悪い上司の隣に〝座らない〟ことの方が、いくらか簡単だとは思いませんか？

つまり、酒癖の悪さを知りながらも、その上司の隣に座ってしまうことが、すでに迂闊《うかつ》だといえるでしょう。

「不運にも隣の席になってしまった」とありますが、隣の席になることを事前に阻止できなかった、あなた自身のリスク管理の甘さもあるのかもしれません。

少々酷かもしれませんが、そういった上司がいる職場でのリスク管理として、よく覚えておいてください。

相手との〝距離をとる〟

では、隣の席ではなく、テーブルを挟んだ向かいの席ではどうでしょうか?

まず、ボディタッチはできませんね。ですから、まずは離れた席を確保するということが最重要課題になってきます。

それでも、すでに席順が決められていたり、その上司に呼ばれてどうしても隣の席に座らざるをえなくなってしまった場合は、切りのよいところでトイレに立ちましょう。そのとき、男性の同僚などにそっと「ごめん、席を一つつめてもらえるかな?」とささやいておけばよいのです。

そのような機会が得られず、どうしても耐えられないという場合には、思い切って、箸と皿を持って移動してしまいましょう。自ら場所を固定化して隣の席の人とばかり話すのではなく、「どうも、どうも」とあちこちに顔を出して自由に動きまわればよいのです。飲み会としても、その方が気楽な雰囲気で楽しいですよね。

いずれにせよ避けていただきたいのは、上司に「ボディタッチ、やめてもらえますか?」「ちょっと、触らないでください!」と、直接クレームをつけることです。そもそもこのようなセリフは、言う側の心と身体も疲れてしまいますよね。もちろん言わざるをえない状況もありますし、状況証拠をつかんで訴えるともなれば話は別でしょう。

しかし、とりあえずその場の雰囲気を壊すことなく乗り切るためには、とにかく〝距離をとる〟ことに全力を注ぐようにしてください。

ボクシングのチャンピオンに学ぶ

つまり、これはボクシングの試合なのです。たとえが飛躍しているように思う方もいらっしゃるかもしれませんが、どうぞ冷静に読み進めてください。

私は以前、世界チャンピオンの井岡一翔さんに「ディフェンスにおいてもっとも重要なことは何ですか?」と聞いたことがあります。すると、井岡さんは「とにかく距離をとることです」と仰いました。

これはつまり、相手のグローブの当たる位置には決して〝いない〟ようにするということです。

チャンピオン曰く、ディフェンスにおいては、ガードを固めること以前に、とにかく〝距離感〟こそがポイントなのだそうです。相手がつめてきたら引く。その、絶妙な〝距離感〟ですね。

飲み会のボディタッチも、これと同じだと考えてみてください。あなたがいくらガードを固めようと、手の届く場所にいては意味がありません。

とにかく、上司のグローブの当たる位置には決して〝いない〟ようにするのです。

酔った上司は、昭和の遺物

酒というのは、よくも悪くも人のタガを外すものです。

今回のケースのように、酔うとボディタッチが多くなるという上司でも、「普段は人がよくて頼り甲斐がある」とあるように、さほど憎むべき人ではないのかもしれません。

そもそも、懇親会という意味合いであればいっそのこと、飲み会をランチ会や茶話会に変えてしまってもいいわけです。お酒を飲まない同僚などに声をかけて、「飲み会を、ランチ懇親会や茶話会に」などと提案してみてはいかがでしょう？

夜に居酒屋でお酒を飲むのではなく、ランチ懇親会を楽しんでみましょう。

昨今は、一杯目から「ウーロン茶！」というように、お酒自体をあまり飲まない若者が増えてきていますね。お酒に弱い人が増えているというのではなく、お酒を飲むこと自体を好まない人が増えているという印象でしょうか。

ですから、グダグダに酔っ払って女性にボディタッチしてくる上司というのは、言葉は悪いですが、少々古臭い存在だといえるかもしれません。いわゆる「昭和か！」というやつですね（笑）。

ボディタッチをなくすためにも、時流に乗って「飲み会をランチ懇親会に」変えるというのはよい案かもしれません！

大人の対応

・相手との〝距離をとる〟

↓（トイレなどに立ち）「ごめん、席を一つつめてもらえるかな？」

・思い切って、箸と皿を持って移動する

・飲み会を、ランチ懇親会や茶話会に変える

NGワード

「ボディタッチ、やめてもらえますか？」

「ちょっと、触らないでください！」

38 招待客だったはずなのに お金を請求された

仕事関係者から招待されたセミナーに向かうと、なぜか受付で参加費を請求されてしまいました。「招待されたのですが……」と説明しても、主催者側も理解していないため、埒があきません。仕方なく参加費を払いましたが、どうしてもモヤモヤします。

仕事関係者の顔も潰したくはないけど、無料で招待されたはず。こんなときの、大人の対応とは？

大人は無駄なやり取りを避ける

この場合、気をつけたいのは〝水掛け論になってはいけない〟ということです。それを避けるためにもっとも確実な方法は、招待メールや招待状など文字になっているものを見せて〝論より証拠〟とすることです。決して「招待されたので、無料のはずですよ！」などと言い張り、相手を困らせてはいけません。

万が一、招待メールや招待ハガキもなく、口約束だけで会場に出向いたとするならば、残念ながら、それはあなたの方が迂闊だったかもしれません。いわゆる準備不足です。その場合は、よい授業料だと思って参加費を払うようにしましょう。

もしかすると、相手は〝ぜひお招きさせてください〟と言っただけで〝無料〟とまでは言っていないかもしれません。もちろん〝招待〟という言葉の場合には無料のケースが多いわけですが、それも確実ではありません。つまり、〝お招きさせてください〟〝ご参加ください〟などという言い回しの場合は、何かと微妙なのです。

今の時代は、メールでのやり取りが基本になります。また、そのメールをそれぞれがスマホで見ることができます。今どき、会社のパソコンでないとメールを見ることができない、という方が少ないですよね。

ですから、主催者側と水掛け論になりそうな場合は、無駄なやり取りを避けるべく、「このようなメールが来ていますよ」「この表示を見てください」と、直接証拠を示すようにしてください。お店のクーポンなどと同じです。

マニュアルにない対応はできない

また、受付で参加費を請求されたとのことですが、こういう場合は、受付の人間が事情を把握していないというケースも多く見られます。もし把握していないということであれば、いくら話しても意味がありませんよね。ですから「すみません、何か行き違いがあったようなので、ちょっと確認してみます」とだけ伝え、携帯などで、直接担当の方と連絡を取り合うようにしてください。そこで先方が「もちろん、ご招待ですから無料ですよ！」と言えば、「今受付の方とお電話代わりますので、その旨お伝えいただいてもよろしいですか？」と、直接つないでしまいましょう。

語弊がないようにしたいのですが、そもそも受付は融通が利かないことがよくあります。これは、決定権がない立場の人が受付を任されるケースが多いためです。つまり、マニュアルに沿って対応しているだけなので、イレギュラーなことをあれこれ言われても、対応できないわけですね。

ですから、受付の人と散々揉めて、挙げ句の果てに怒鳴りつけるような人というのは最悪です。お店などでも明らかに若いアルバイト風の店員に怒鳴りつけているような人をたまに見かけますが、あれほど意味がなく、大人げない行動はありません。あるいは、電車が遅延していることを、ホームにいる駅員に怒っているような人もいますが、そもそも人身事故などで迷惑しているのはむしろ駅員の方なのです。

つまり、こちらが彼らの事情や立場を〝察する〟ことが重要です。受付や店員、駅員などを怒ったところで、こちらが浮いてしまうだけなのですから。

大人は〝読み〟を働かせる

以前、レストランで食事をしていた際に、「デザートのケーキが、もう45分も出てこないぞ！」と激昂する中年男性を見かけました。もちろん、客を待たせるというのは、店側のミスに違いありません。しかし、少々変だと思いませんか？手の込んだ一皿ではなく、ケーキです。つまり、45分も待たせなくとも、すぐに持ってくることのできるメニューです。実際、この男性が激昂した直後、店員は1分ほどでケーキを持ってきました。

私には確認もせずに、45分もケーキを待ち続けた男性の方にも落ち度があると思うのです。そこまで激昂するのであれば、もっと早く店員に声をかければいいのです。たったそれだけのことを怠って怒鳴りつけるというのは、あまりに大人げのない対応だと思いませんか？

私はレストランで注文をする際など、「この店員のたどたどしい感じ、何か起きるぞ……」と、ある種の〝読み〟を働かせるようにしています。あるいは、タクシーの運転手と目的地についてやり取りしていても「この運転手の受け答え、本当に理解しているのだろうか？」という〝違和感〟を覚えることがあります。

実際、この〝読み〟はなかなか当たるもので、「ほら、やっぱりあのメニューが抜けていた」「やっぱり遠い方のルートにされてしまった」という結果になるわけですが、こういう場合は、こちらが先んじて〝確認〟をくり返す他ありません。

トラブルは未然に防ぐ

「プロなんだから、当然、相手がこちらの思うままに動いてくれるだろう」などと思ってはいけません。要求水準を高くすれば、こちらがストレスを感じるだけです。ですから、運転手が道を間違えそうだと思ったら、的確な指示をする。レストランの店員の応対が心もとなく感じたなら確認をくり返す……。タクシーによく乗る私などは都内の道をよく知っているものですから、車線変更まで伝えるほどです。もちろん、嫌味のない程度にですが。

いずれにせよ、身体中のセンサーを駆使して先を〝読み〟、トラブルを未然に防ぐ〝確認〟を重ねることが、いわゆる大人の対応だといえるでしょう。

あなたがスーパーで遅いレジの行列にイラッとしたなら、「ああ、やっぱりあちらの店員の方が早そうな感じがしたんだよなあ。こちらは何となく、遅い雰囲気がしていたじゃないか。自分の〝読み〟のミスだ！」と自省してください（笑）。いつも電話で話がずれていく先方に、打ち合わせ当日ミスが発覚したなら「やっぱり！　何となく要注意人物だと思っていたんだ……」と自省してください。いずれも、あなたの〝読み〟が甘かっただけなのです。

〝読み〟を働かせてトラブルを未然に防ぎ、〝どんな相手とでも仕事ができる〟大人を目指しましょう。

大人の対応

・証拠を提示する

↓「このようなメールが来ていますよ」

「この表示を見てください」

・直接担当者に確認する

↓「すみません、何か行き違いがあったようなので、ちょっと確認してみます」

↓「今受付の方とお電話代わりますので、その旨お伝えいただいてもよろしいですか？」

NGワード

「招待されたので、無料のはずですよ！」

39 勧誘を断りたい

突然知人から「いい話があるから、聞いてほしい」と連絡が入りました。話を聞くと、どうも怪しいねずみ講の勧誘のようです……。うまくお断りするには、どうしたらよいでしょうか？

大人になると人付き合いも増え、様々な勧誘を受けることがあります。断りたいときの対処法とは？

きっぱりと断るテクニック

家訓というものがあります。その家に代々受け継がれていく、昔ながらのルールのことです。みなさんのお宅にもあるかもしれませんね。

多くの家訓の中には、「倹約をしなさい」「あぶく銭を狙うようなことはよしなさい」というような、人生の歩み方について書かれています。たとえば、これを上手に使ってみてはいかがでしょうか？

「すみません、うちは家訓で〝改宗することなかれ〟とありますので、そのようなお話はお断りさせていただいています」「申し訳ないのですが、先先代から続く家訓に〝決して投機で得をえず〟とありまして、そのようなお話は受けないことにしているんです」

仮想通貨、あるいはねずみ講的な投機というものは、向いている人と向いていない人にはっきりと分かれます。加えて、多くの場合は、先に始めた人が儲かるシステムになっていることをご存じでしょうか？

仮に誰かの誘いに乗って始めたとしても、結局は先住者たちが得をするだけで、自分は損をする可能性が高いのです。つまり、投機では損をする人の方が圧倒的に多いということです。

したがって、「儲かる話があるんだけど、ちょっと話だけでも……」「○○のパーティーがあるんだけど、来てみない？」など、少しでも〝怪しい〟においのする誘いがあった場合には、最初から「私は結構です」「興味がないので行きません」というように、はっきり断るようにしましょう。決して曖昧な返事ではいけません。そのためには、冒頭でお話しした家訓なども、うまく使ってみてください。

「行かない」「聞かない」が基本

現代にはインターネットがありますから、少しでも〝怪しい〟言葉は、いくらでも事前に情報収集することができます。おそらく、ねずみ講のようなものであれば、少し検索をかけただけで「なるほど、△を売るパーティーか……」というように、いくらでも察しがつくはずです。

したがって、そういう類の誘いを断りたいのであれば、誘いをきっぱりと断ることはもちろんのこと、誘ってきた友人との仲もシャットアウトする必要性が出てくるかもしれません。ねずみ講に手を染めれば友人を失う、というのは昔から有名な話なのです。

いずれにしても、すべての勧誘は「パーティーへ行く」「話を聞く」などのアクションからスタートするものですから、この段階できっぱりと断ることが肝心です。どんなにしつこく言われようと、「行かない」「聞かない」ことが基本です。

大人は危険をシャットアウトする

ねずみ講というのはやり口が周到ですから、「最初は1円からでも大丈夫なんですよ」など、導入の部分でグッとハードルを低くしてきます。しかし、みなさんに覚えておいていただきたいのは、「1円を出す人は100万円を出す人と同じ」と見なされるということなのです。したがって、こちらが「これで縁が切れるなら」と思って1円でも出そうものなら、相手にとっては「この人は、いける！」ということになり、一層付け込まれることでしょう。

つまり、最初の一歩に関わるか否かがすべてを左右するのです。『マインド・コントロールの恐怖』という本にも書かれていますが、相手はプロですから最初の一言に乗ってしまうだけで、すべて相手のペースになってしまいます。ですから、こういう話から〝途中で抜ける〟ということは、まずありえないと考えてもよいでしょう。

くり返しますが、もっとも最初の段階でシャットアウトするしか手立てはないのです。最初が肝心、です。あなたの優しさに付け込むような知人など、さっさと切り捨ててもよいでしょう。

大人の対応

・最初からきっぱりと断る

↓「申し訳ないのですが、先先代から続く家訓に〝決して投機で得をえず〟とありまして、そのようなお話は受けないことにしているんです」

↓「私は結構です」「興味がないので行きません」

一度だけなら……と隙を見せると、付け込まれてしまうので、最初の対応が肝心です。

NG対応

「これで縁が切れるなら」と思ってお金を出してしまう

40 貸したお金が返ってこない

知人に貸したお金が、なかなか返ってきません。相手は、借りたことも忘れていそうです。

嫌味なく、スマートに
それとなく知らせたい。
こんなときの、大人の対応とは？

「貸したお金は返ってこない」！

この場で、みなさんにしかと覚えておいていただきたいことがあります。それは「貸したお金は返ってこない」ということです。ですから、期待するのはやめましょう。

お金をきちんと返すような人は、そもそもお金を借りません。ですから、他人にお金を借りる時点で、その人の返済能力が乏しいということがわかります。

たとえば、知人との食事会で、会計時に5千円ですむと思っていたところが1万円かかったとしますね。そのとき、あなたが足りなかった5千円を知人に貸したとしましょう。

この場合、良識ある人間であれば、翌日にはきちんとお金が返ってきます。しかし、「この間のお金ですけど……」と、こちらがいくら促しても「そうそう、ごめん。忘れていた！」などと言ってお金が返ってこない場合は、この知人からお金が返ってくることはないだろう、と考えてください。そういうタイプの人には、いくら言っても無駄なのです。

だからといって、あなたが取り立て屋を雇うわけにもいきませんね。こういう場合にあなたにできることはただ一つ、その知人には二度とお金を貸さない、ということだけです。

貸したお金は、いわゆる〝授業料〟と考え、諦めるようにしてください。

お金を失わないテクニック

お金が返ってこないだけであれば、まだよい方かもしれません。なぜかというと、お金を返すよう促しただけにもかかわらず、相手が逆上して、ひどいときには殺人事件などに発展するケースがあるからです。

貸した側が殺すのではありません。借りた側が逆上して殺してしまうのです。

理不尽に思えるかもしれませんが、特に額面が大きい場合などには、たびたびあることです。

ですから、自分の身を守るためにも、特に大きな金額の場合には、最初からお金を貸さないようにするのがよいでしょう。そのためには、例の〝家訓（p291参照）〟などを引き合いに出すのも一案です。

「ごめんなさい、我が家の家訓に『他人にお金を貸すなかれ』とありまして、お貸しできないのです……」。ここまできっぱりと断れば、相手も「何を言ってもダメそうだな」と感じ、あなたにせびることはなくなるでしょう。

お金より、身の安全を

ただし、あなたが本当の金欠状態に陥っていて、どうしてもお金を返してもらわなければいけない、という場合があるかもしれません。つまり、貸したお金を〝授業料〟とは言っていられないような、急を要するケースです。

その場合は、相手にその具体的な内容を正直に伝えるようにしましょう。

「この間のお金を返してもらえないと、今月の家賃が払えないんですよ。もう、火の車で……。申し訳ないのですが、早めに返してもらえますか？」

このように言えば、まともな人間であれば「ごめん、忘れていたよ！」とすぐに返してくれるでしょう。しかし、このような場合であっても、人間性を欠いた人であれば、何を言おうと返ってこないはずです……。その場合は、残念ですが諦めるようにしてください。大人であれば、素早くその〝見極め〟ができるようにしておきたいものです。

そして、後者の場合は、あなたの身の安全のためにも、すぐに距離をとるようにしてください。お金より、身の安全ですよ！

大人の対応

・あらかじめ、「貸したお金は返ってこない」と考える
・早急に返してもらわないといけない場合、具体的な内容を正直に伝える
↓「この間のお金を返してもらえないと、今月の家賃が払えないんですよ。もう、火の車で……。申し訳ないのですが、早めに返してもらえますか？」
・返済を渋るなど、人間性を欠いた人であると見極めた場合、相手との距離をとる
・自分の身を守るためにも、貸さない
↓「ごめんなさい、我が家の家訓に『他人にお金を貸すなかれ』とありまして、お貸しできないのです……」

＼ NG思考 ／

お金が返ってくることを、期待する

column 6

大人は微笑んでいる

ギリシャ生まれのラフカディオ・ハーン（小泉八雲）は『日本人の微笑』という随筆を書いており、その中で「日本人の微笑とは、念入りに仕上げられた作法である」ということを述べています。

日本人は、自分の悲しみを語るときですら、相手にそれが伝染せぬように微笑みをたたえる。それが作法だというのです。これが、外国人から見た日本人の印象だったのでしょう。

大人の対応ができない人の多くには、微笑みが足りません。「面白い嫌味を思いつくものですね～」などと微笑みを浮かべていれば、相手の嫌味もこちらには響きません。ですから、微笑みというものを一つの〝技〟として身体に染み込ませておくことは、たいへん重要なことなのです。

ときには爆笑するような笑いも大切ですが、この場合は「いつも静かに笑っている」というような〝微笑〟がポイントですよ！

大人の対応力

著者
齋藤 孝

2018年11月6日　初版発行

発行者
横内正昭

発行所
株式会社ワニブックス
〒150-8482
東京都渋谷区恵比寿4-4-9 えびす大黑ビル
電話 03-5449-2711(代表)
03-5449-2716(編集部)
ワニブックスHP　http://www.wani.co.jp/
WANI BOOKOUT　http://www.wanibookout.com/

印刷所
株式会社光邦

DTP
株式会社三協美術

製本所
ナショナル製本

ISBN 978-4-8470-9717-1

デザイン
三木俊一(文京図案室)

編集協力
国実マヤコ

校正
麦秋新社

写真
アフロ

編集
青柳有紀、安田 遥(ワニブックス)